DK 아틀라스 시리즈

세계의바다

글 아니타 가네리 · 그림 루치아노 코르벨라

THE OCEANS ATLAS

덴스
루틀라스

A DORLING KINDERSLEY BOOK

Art Editor Rachael Foster · Project Editors John C. Miles and Laura Buller
Production Shelagh Gibson · Managing Editor Susan Peach
Managing Art Editor Jacquie Gulliver · Oceanographic Consultant Brian Bett

First published in Great Britain in 1994
by Dorling Kindersley Limited.
80 Strand, London, WC2R ORL

Original Title : The Oceans Atlas
Written by Anita Ganeri
Illustrated by Luciano Corbella
Copyright ⓒ 1994 Dorling Kindersley Limited, London

Korean translation copyright ⓒ 2013 by Ludens Book
All rights reserved.
The Korean edition was published by arrangement with Dorling Kindersley Limited, London.

DK 아틀라스 시리즈

세계의바다   초판 5쇄 발행 2020년 6월 10일

펴낸곳 루덴스 · **펴낸이** 이동숙 · **글** 아니타 가네리 · **그림** 루치아노 코르벨라
번역 박용안 · **감수** 박용안 최석영 박영주 · **편집** 홍미라 박정익 · **디자인** 모현정 김효정
출판등록 제16-4168호 주소 서울시 송파구 송파대로 201 송파테라타워 B동 919호
전화 02-558-9312(3) · 팩스 02-558-9314

값 24,000원 · ISBN 979-11-5552-230-1

책 내용의 전부 또는 일부를 재사용하려면 반드시 저자와 출판사의 동의를 받아야 합니다.
잘못 만들어진 책은 교환해드립니다.

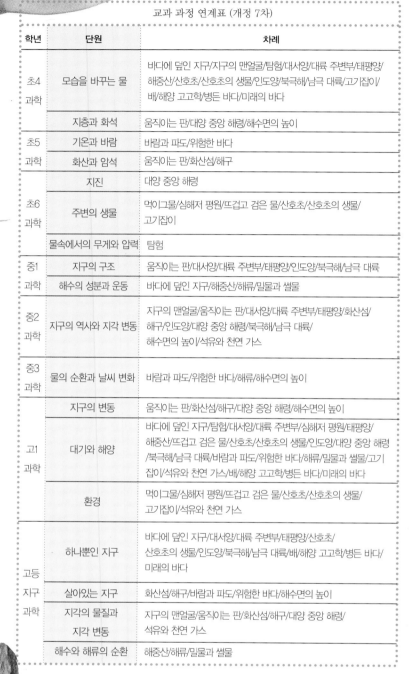

교과 과정 연계표 (개정 7차)		
학년	**단원**	**차례**
초4 과학	모습을 바꾸는 물	바다에 덮인 지구/지구의 맨얼굴/탐험/대서양/대륙 주변부/태평양/해중산/산호초/산호초의 생물/인도양/북극해/남극 대륙/고기잡이/배/해양 고고학/병든 바다/미래의 바다
	지층과 화석	움직이는 판/대양 중앙 해령/해수면의 높이
초5 과학	기온과 바람	바람과 파도/위험한 바다
	화산과 암석	움직이는 판/화산섬/해구
	지진	대양 중앙 해령
초6 과학	주변의 생물	먹이그물/심해저 평원/뜨겁고 검은 물/산호초/산호초의 생물/고기잡이
	물속에서의 무게와 압력	탐험
중1 과학	지구의 구조	움직이는 판/대서양/대륙 주변부/태평양/인도양/북극해/남극 대륙
	해수의 성분과 운동	바다에 덮인 지구/해중산/해류/밀물과 썰물
중2 과학	지구의 역사와 지각 변동	지구의 맨얼굴/움직이는 판/대서양/대륙 주변부/태평양/화산섬/해구/인도양/대양 중앙 해령/북극해/남극 대륙/해수면의 높이/석유와 천연 가스
중3 과학	물의 순환과 날씨 변화	바람과 파도/위험한 바다/해류/해수면의 높이
고1 과학	지구의 변동	움직이는 판/화산섬/해구/대양 중앙 해령/해수면의 높이
	대기와 해양	바다에 덮인 지구/탐험/대서양/대륙 주변부/심해저 평원/태평양/해중산/뜨겁고 검은 물/산호초/산호초의 생물/인도양/대양 해령/북극해/남극 대륙/바람과 파도/위험한 바다/해류/밀물과 썰물/고기잡이/석유와 천연 가스/배/해양 고고학/병든 바다/미래의 바다
	환경	먹이그물/심해저 평원/뜨겁고 검은 물/산호초/산호초의 생물/고기잡이/석유와 천연 가스
고등 지구 과학	하나뿐인 지구	바다에 덮인 지구/대서양/대륙 주변부/태평양/산호초/산호초의 생물/인도양/북극해/남극 대륙/배/해양 고고학/병든 바다/미래의 바다
	살아있는 지구	화산섬/해구/바람과 파도/위험한 바다/해수면의 높이
	지각의 물질과 지각 변동	지구의 맨얼굴/움직이는 판/화산섬/해구/대양 중앙 해령/석유와 천연 가스
	해수와 해류의 순환	해중산/해류/밀물과 썰물

차례

바다에 덮인 지구
Earth or Ocean

지구 표면의 71%를 덮고 있는 바다는 크게 대륙에 의해 오대양(큰 바다)으로 나누어진다. 큰 순서대로 태평양, 대서양, 인도양, 남극해(남극양), 북극해(북극양)이다. 규모가 가장 큰 산, 가장 깊은 해구, 가장 긴 산맥이 모두 대양에 있다. 이 책을 통해 우리는 해안선에서 해저에 이르기까지 모든 것을 관찰할 수 있고, 신비로운 풍경과 생물을 발견할 수 있다.

바다가 푸르게 보이는 이유는 태양광선의 푸른 부분이 물 속 가장 깊이 침투하기 때문이다.

빛 흡수

햇빛(백광)이 바다에 닿으면 일부는 수면에서 반사되어 다시 하늘로 가지만, 나머지는 바닷물 속에 흡수된다. 매우 작은 물 입자(알갱이)들은 흡수된 햇빛을 여러 색으로 분산시킨다. 아래는 햇빛의 여러 색이 물에 흡수되는 모습이다. 붉은색은 가장 먼저 매우 얕은 수심에서 흡수되지만, 파란색은 맨 나중에 가장 깊은 수심에서 흡수된다. 맑은 물의 경우 수심 약 250m까지 빛이 이른다.

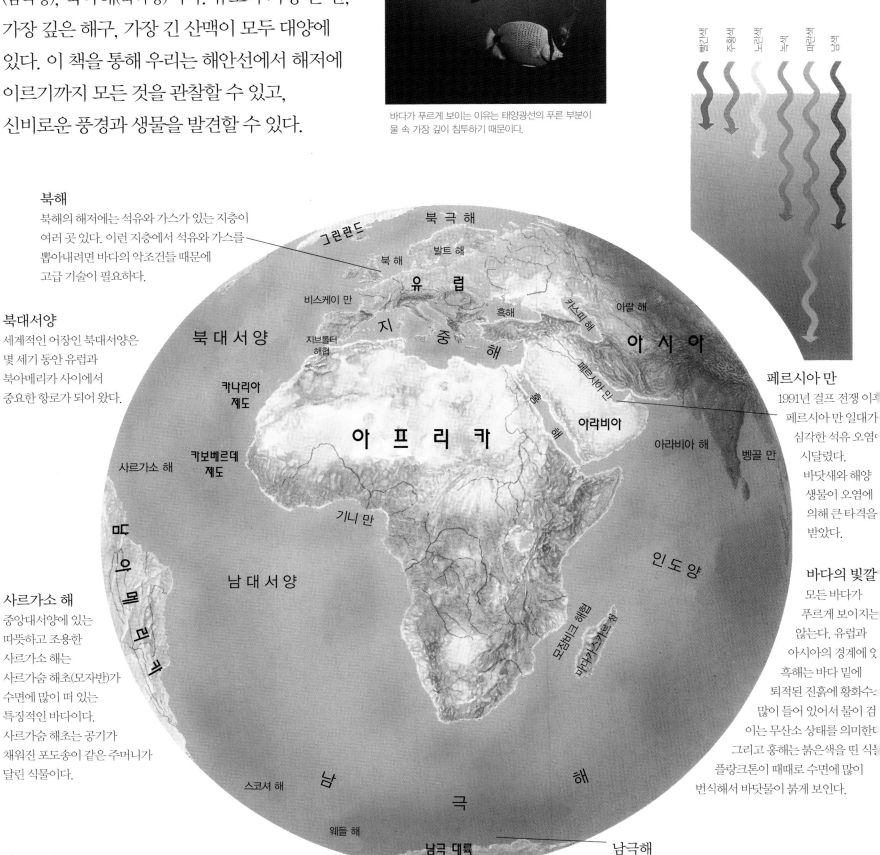

북해

북해의 해저에는 석유와 가스가 있는 지층이 여러 곳 있다. 이런 지층에서 석유와 가스를 뽑아내려면 바다의 악조건들 때문에 고급 기술이 필요하다.

북대서양

세계적인 어장인 북대서양은 몇 세기 동안 유럽과 북아메리카 사이에서 중요한 항로가 되어 왔다.

사르가소 해

중앙대서양에 있는 따뜻하고 조용한 사르가소 해는 사르가숨 해초(모자반)가 수면에 많이 떠 있는 특징적인 바다이다. 사르가숨 해초는 공기가 채워진 포도송이 같은 주머니가 달린 식물이다.

아틀란티스

대서양 중앙부 어디엔가 '아틀란티스'라는 전설의 도시가 있었다고 믿는 사람들이 있다. 이 도시는 큰 지진 때문에 파괴되어 바닷속에 가라앉았다고 전해진다.

페르시아 만

1991년 걸프 전쟁 이후 페르시아 만 일대가 심각한 석유 오염에 시달렸다. 바닷새와 해양 생물이 오염에 의해 큰 타격을 받았다.

바다의 빛깔

모든 바다가 푸르게 보이지는 않는다. 유럽과 아시아의 경계에 있는 흑해는 바다 밑에 퇴적된 진흙에 황화수소가 많이 들어 있어서 물이 검게 이는 무산소 상태를 의미한다. 그리고 홍해는 붉은색을 띤 식물 플랑크톤이 때때로 수면에 많이 번식해서 바닷물이 붉게 보인다.

남극해

남극 대륙을 둘러싼 남극해는 세계적으로 가장 많은 고래가 서식하는 곳이다. 펭귄과 신천옹(알바트로스) 같은 많은 바닷새들의 터전이기도 하다. 바닷물이 매우 차가우며, 폭풍 같은 바람이 불어 산더미 같은 파도가 일기도 한다.

바닷물의 밀도

밀도는 어떤 물질의 단위 부피에 대한 질량이다. 일반적으로 기체는 액체보다, 액체는 고체보다 밀도가 작다. 비커에 세 가지의 물체를 넣으면 맨 아래부터 고체, 액체, 기체 순으로 있게 된다. 그러나 왼쪽 아래 그림처럼 물의 경우는 다르다. 액체 상태인 물의 밀도가 고체 상태인 얼음의 밀도보다 커서 얼음이 물에 뜬다.

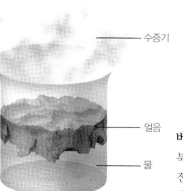

기체
액체
고체

수증기
얼음
물

짠물 수프

바닷물이 짠 이유는 염화나트륨, 즉 소금이 많이 녹아 있기 때문이다. 또한, 바닷물에는 마그네슘, 칼슘, 칼륨 및 염화물 등 염류가 조금씩 용해되어 있다. 바닷물의 염분은 바닷물 1kg에 들어 있는 염류의 총 질량으로 측정된다. 단위는 퍼밀(‰: 천분율)이다. 바닷물의 평균 염분은 35퍼밀이다. 그러니까 바닷물 1kg에는 35g의 염류가 들어 있다.

바닷물 1kg

기타
중탄산염
칼륨(포타슘)
마그네슘
칼슘
황산염
나트륨
염화물

바닷물 1kg에 들어 있는 염류

베링 해협

북태평양과 북극해를 연결하는 좁은 베링 해협은 마지막 빙기(약 18,000년 전)에는 아시아 대륙과 북아메리카 대륙을 잇는 육지였다. 그러나 지금은 다리 역할을 하던 해협의 육지가 바다에 잠겨 있다.

커다란 만

'만'은 육지의 지층이 움푹 들어간 저지(낮은 지형)로, 바다의 일부이다. 알래스카 만처럼 완만하게 휘어진 만도 있고, 캘리포니아 만처럼 가늘고 긴 만도 있다.

화산섬

태평양의 깊은 해저에는 수많은 수중 화산들이 분포해 있는데, 그 중에서 몇 무리의 화산들이 수면 위로 솟아 있다. 이러한 화산섬 가운데 하와이 제도를 비롯한 몇몇 섬에서만 사람이 살고 있을 뿐이다.

화산섬 폭발

카리브 해는 화산 폭발로 유명하다. 1902년에 마르티니크 섬의 펠레 산이 폭발하여 도시 생피에르를 휩쓸었다. 주민 29,000명 가운데 두 사람만 빼고 모두 죽었다.

태평양

대서양의 약 두 배나 되는 태평양은 지구에서 가장 큰 바다이다. 지구 표면의 약 3분의 1을 차지하며, 가장 넓은 폭은 지구 둘레의 절반 정도이다.

갈라파고스 제도

동태평양에 있는 화산섬 갈라파고스 제도는 다윈의 진화론에 영향을 준 곳이다. 지리적으로 고립되어 진화한 독특한 생물들이 살고 있는데, 커다란 갈라파고스 황소거북과 진귀한 바다이구아나가 대표적이다.

대보초

오스트레일리아 북동쪽 해안 앞바다에는 수많은 화산섬과 환초섬(산호초로 이루어진 반지 모양의 섬)이 산호초에 둘러싸여 있다. 폴립(산호충)에 의해 이루어진 산호초가 서식하는 이곳에는 열대어, 상어, 해삼 등 수많은 어류와 조개류가 번식하고 있다. 남북으로 길게 뻗은 이 산호초를 대보초라고 한다.

'양'과 '해'

바다를 일컫는 '해'와 '양'은 같은 뜻으로 쓰이기도 하지만, 차이가 있다. '해'는 부분적으로, 또는 전체가 육지에 둘러싸여 있고, 해협에 의해 대양과 이어져 있다.

(지구본 지명)

북극해
베링 해
알래스카 만
오호츠크 해
아시아
동해
태 평 양
북 아 메 리 카
하와이 제도
멕시코 만
캘리포니아 만
카리브 해
갈라파고스 제도
남 태 평 양
뉴기니 섬
솔로몬 제도
티모르 해
산호 해
사모아
피지
뉴칼레도니아
오스트레일리아
태즈먼 해
태즈메이니아
뉴질랜드
남 극 해
남극 대륙

지구의 맨얼굴
Earth Exposed

지구의 물이 모두 마르면 아래 그림처럼 대양의 해저 분지는 텅 빈 모습이고, 큰 해령(해저 산맥)은 꾸불꾸불 하며, 깊은 수심의 해구가 드러난다. 거대한 해저(바닷속) 화산과 심해저 평원은 사막 같은 광대한 불모지로 나타나고, 평평한 해저 고원이 드러난다. 이러한 모든 지형은 화산 활동과 지진에 의해 수천만 년 동안 해저 지각이 이동(확장)한 결과이다.

수압(물의 압력)

해수면에서의 기압은 1cm²에 1kg인데, 이것을 1기압이라고 한다. 물속에서는 10m 깊이마다 1기압씩 높아진다. 따라서 사람이 3,000m 수심까지 잠수할 경우에는 3백 기압의 수압에 견딜 수 있는 두꺼운 철판으로 만든 잠수정이나 잠수 기구를 사용해야 한다. 이 수압에 견디지 못하면 잠수정이 파괴된다.

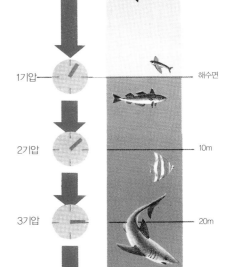

대륙붕

북아메리카 동해안과 유럽 동해안은 수심이 매우 얕은 대륙붕에 둘러싸여 있다.

지중해 분지

지중해는 약 7백만 년 전에는 대서양과 이어져 있지 않았고, 물이 말라 있었다. 지중해 해저 퇴적암 연구(퇴적 환경과 나이 등)를 통해 밝혀진 사실이다.

아마존 선형 퇴적체

남대서양으로 흘러드는 아마존 강의 물은 많은 퇴적 물질을 바다 밑에 쌓아 선형 (부채꼴) 퇴적체를 이룬다.

대서양 중앙 해령

지구의 지각은 거대한 판(지각판) 들로 나뉘어 있다. 세계에서 가장 긴 해저 산맥인 대서양 중앙 해령은 두 개의 판이 서로 떨어져 확장되고 있는 곳이다.

해저 분지

대양의 해저에 발달한 사발 모양의 거대하고 낮은 지형을 해저 분지라고 한다.

홍해

아라비아 지각판이 아프리카 대륙에서 떨어질 때 생긴 홍해는 세계에서 가장 어리고 염분이 많은 바다이다.

칼스버그 해령

이 해령은 Y자를 거꾸로 놓은 것 같 거대한 인도양 중앙 해령의 가장 북쪽에 있다.

동경 90도 해령

2,735km가 넘는 해령이다. 동경 90도에 있어서 이런 이름이 붙었다.

심해 평원

남극 대륙을 둘러싸고 있는 남극해의 해저처럼 심해저에 있는 평평한 곳을 심해 평원이라 한다.

케르겔렌 해저 고원

케르겔렌 섬이 이 고원 위에 외롭게 솟아 있다. 한때 고래잡이의 중심지였던 이 섬은 지금 바닷새를 비롯한 많은 야생 생물의 보금자리이다.

지도 위 지명: 아이슬란드, 레이카네스 해령, 라케르나 해저 평원, 유럽, 지브롤터 해협, 아시아, 아라비아, 아프리카, 베르데 곶 해저 고원, 소말리아 해저 분지, 아라비아 해저 분지, 앙골라 해저 분지, 웰비스 해령, 케이프 해저 분지, 아르헨티나 해저 분지, 포클랜드 해저 고원, 남샌드위치 해구, 남서 인도양 해령, 남극 대륙, 웨들 심해 평원

지도 해수면 표기: 1기압 — 해수면, 2기압 — 10m, 3기압 — 20m

높낮이

아래 그림은 마리아나 해구의 수심이 가장 깊은 곳부터 에베레스트 산의 가장 높은 곳까지 비교했다. 지구 표면의 평균 고도가 그림과 같이 해수면보다 낮다는 사실은 대양이 얼마나 깊은가를 나타낸다.

마리아나 해구의 가장 깊은 곳
: 비티아스 해연(11,034m),
챌린저 해연(10,920m)

대양의 평균 수심
: 3,730m

지구 표면의 평균 높이
: 수면 아래 2,400m

육지의 평균 높이
: 870m

에베레스트 산의 가장 높은 곳
: 8,848m

놀라운 바다

• 지구 바닷물 총 양의 절반 이상을 차지하는 태평양의 바닷물 총 양은 대서양과 인도양의 바닷물을 합친 양과 거의 같다.

• 가장 작은 대양인 북극해는 태평양 크기의 13분의 1, 지구 바닷물 총 양의 1%밖에 안 된다.

• 지구에 있는 물의 97%가 바닷물이다.

• 지구 표면의 29%가 육지이다. 아프리카와 유럽을 합하면 약 40,600,000km²이지만, 둘째로 큰 대양인 대서양의 절반밖에 안 된다.

• 전세계 해안선의 길이는 약 504,000km이다. 적도를 열두 번 도는 길이와 같다.

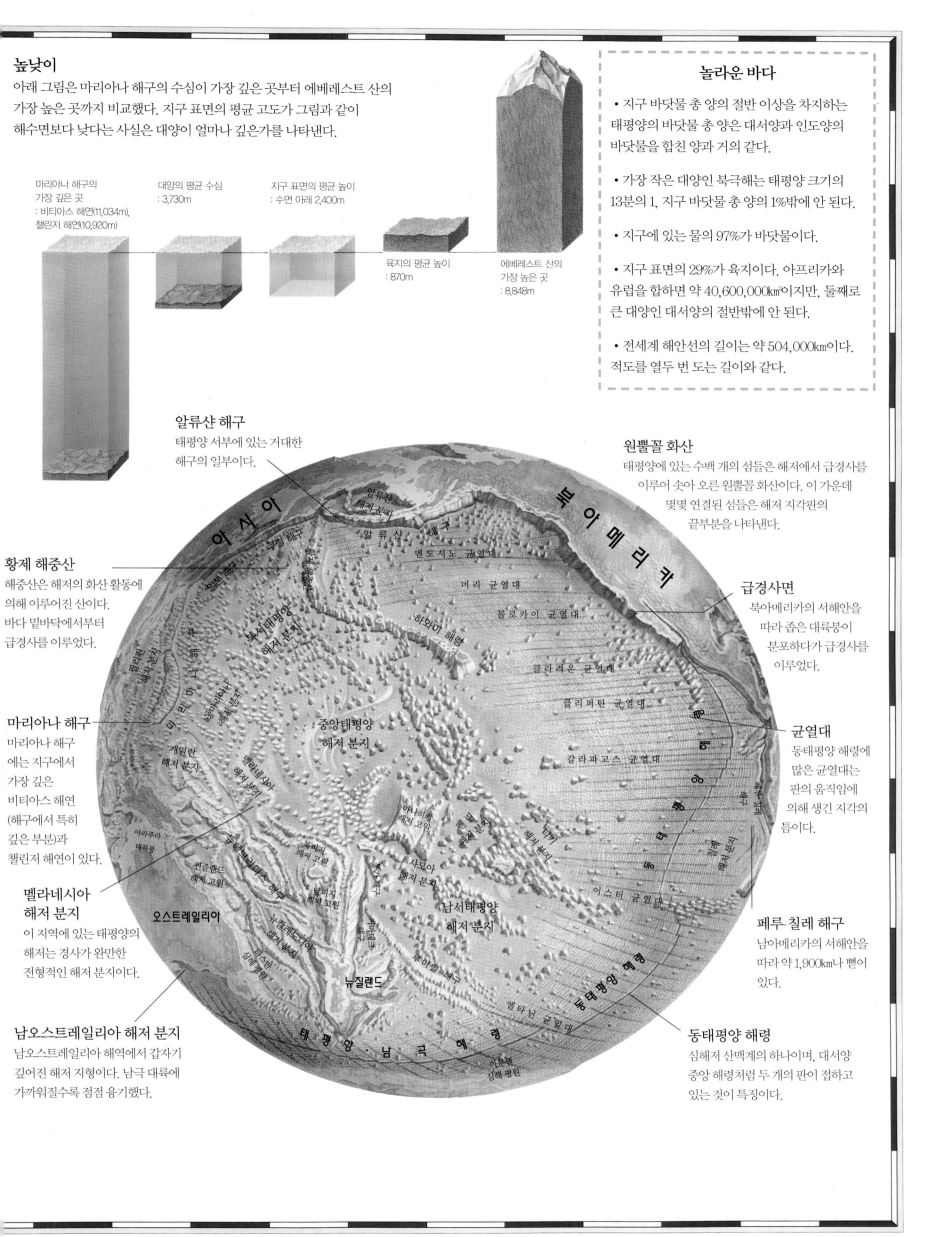

알류샨 해구
태평양 서부에 있는 거대한 해구의 일부이다.

원뿔꼴 화산
태평양에 있는 수백 개의 섬들은 해저에서 급경사를 이루어 솟아 오른 원뿔꼴 화산이다. 이 가운데 몇몇 연결된 섬들은 해저 지각판의 끝부분을 나타낸다.

황제 해중산
해중산은 해저의 화산 활동에 의해 이루어진 산이다. 바다 밑바닥에서부터 급경사를 이루었다.

급경사면
북아메리카의 서해안을 따라 좁은 대륙붕이 분포하다가 급경사를 이루었다.

마리아나 해구
마리아나 해구에는 지구에서 가장 깊은 비티아스 해연 (해구에서 특히 깊은 부분)과 챌린저 해연이 있다.

균열대
동태평양 해령에 많은 균열대는 판의 움직임에 의해 생긴 지각의 틈이다.

멜라네시아 해저 분지
이 지역에 있는 태평양의 해저는 경사가 완만한 전형적인 해저 분지이다.

페루·칠레 해구
남아메리카의 서해안을 따라 약 1,900km나 뻗어 있다.

남오스트레일리아 해저 분지
남오스트레일리아 해역에서 갑자기 깊어진 해저 지형이다. 남극 대륙에 가까워질수록 점점 융기했다.

동태평양 해령
심해저 산맥계의 하나이며, 대서양 중앙 해령처럼 두 개의 판이 접하고 있는 것이 특징이다.

움직이는 판
Moving Plates

1915년, 독일의 지구 물리학자 알프레드 베게너는 대륙들이 약 1억 8천만 년 전에는 '판게아' 라는 하나의 초대륙으로 합쳐져 있었다는 학설을 발표했다. 이 대륙은 '판탈라사' 라는 대양에 둘러싸여 있었다. 그 후 판게아 대륙이 갈라져 이동하면서 현재와 같은 대륙과 대양의 모습을 나타내게 되었다. 1960년대까지도 베게너의 이론은 받아들여지지 않았지만, 그 후 과학자들이 지각 하부에 있는 용해된 암석층(상부 맨틀) 위에서 판들이 이동한다는 사실을 발표했다. 그리고 모든 대륙이 하나의 대륙으로 합쳐져 있었다는 이론을 뒷받침하는 화석의 증거를 발견했다.

최초의 바다

약 46억 년 전, 뜨거운 가스와 먼지 덩어리에서 탄생한 지구는 초기에 화산 활동이 많았다. 화산은 수증기를 대기권에 뿜어냈고, 이 수증기는 식어 구름을 형성한 뒤 비가 되어 최초의 바다를 이루었다. 이 최초의 바닷물은 뜨겁고 염분이 없었으며, 산성이었다.

암석권

상부 맨틀
상부 맨틀의 암석은 부분적으로 용해된 상태이며, 용해 상태의 부분은 엿물이 흐르는 것같이 천천히 흐른다.

지구의 구조
지구는 핵, 맨틀, 지각으로 이루어져 있다. 지각 맨 바깥의 암석권은 지각과 상부 맨틀을 포함한 암층으로 이루어져 있다. 그리고 상부 맨틀은 하부 맨틀을 둘러싸고 있고, 하부 맨틀은 외핵을, 외핵은 내핵을 차례로 둘러싸고 있다.(왼쪽 그림)

하부 맨틀
지하 약 150km에 있는 하부 맨틀의 암석은 딱딱한 고체이다.

판과 판이 부딪치고 떨어지고
판은 상부 맨틀 위에 떠 있는 상태로 이동하고, 대륙, 해저 분지 등 지구 표면에 있는 모든 것은 판에 실려 이동한다. 이러한 사실은 지구 표면의 모든 것이 판들의 움직임에 의해 이루어졌다는 것을 의미한다.
산맥은 두 판이 부딪쳐 지층이 습곡되어 솟아 오른 결과이고, 지진과 화산 활동은 판의 경계 부분에서 발생한다. 두 개의 판이 떨어지는 곳에서는 맨틀로부터 마그마(땅 속 깊은 곳에서 열을 받아 녹아 반액체가 된 물질)가 분출되어 열곡의 빈틈을 메운다.

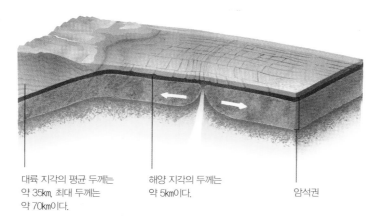

대륙 지각의 평균 두께는 약 35km, 최대 두께는 약 70km이다.

해양 지각의 두께는 약 5km이다.

암석권

태평양 판

외핵
외핵은 용해된 상태의 철과 니켈 등 금속 물질로 이루어져 있다. 지진파가 통과하는 특성을 보고 외핵이 액체 상태라는 사실을 알게 되었다.

아이슬란드 남서 해안 밖에 있는 서츠이 화산

지구 표면에 나타난 증거
판의 이동과 관련해 눈에 보이는 증거가 있다. 아이슬란드의 싱벨리어 지역(오른쪽)에는 북아메리카 판과 유라시아 판의 경계인 협곡과 절벽이 있다. 두 판은 느리게 떨어져 나가고 있는데, 아이슬란드를 가로지른 열곡(두 개의 평행한 단층 절벽 사이에 길고 좁은 골짜기 모양의 분지)에서 지진과 화산 활동이 자주 발생한다. 이 판들의 이동으로 거대한 해저 화산이 활동해 서츠이 섬이 생겼다.

내핵
지구의 중심부인 내핵은 철과 니켈 등 금속 물질로 이루어졌다. 4,500℃ 의 고온이지만, 위쪽에 있는 각 층의 엄청난 압력 때문에 고체 상태이다.

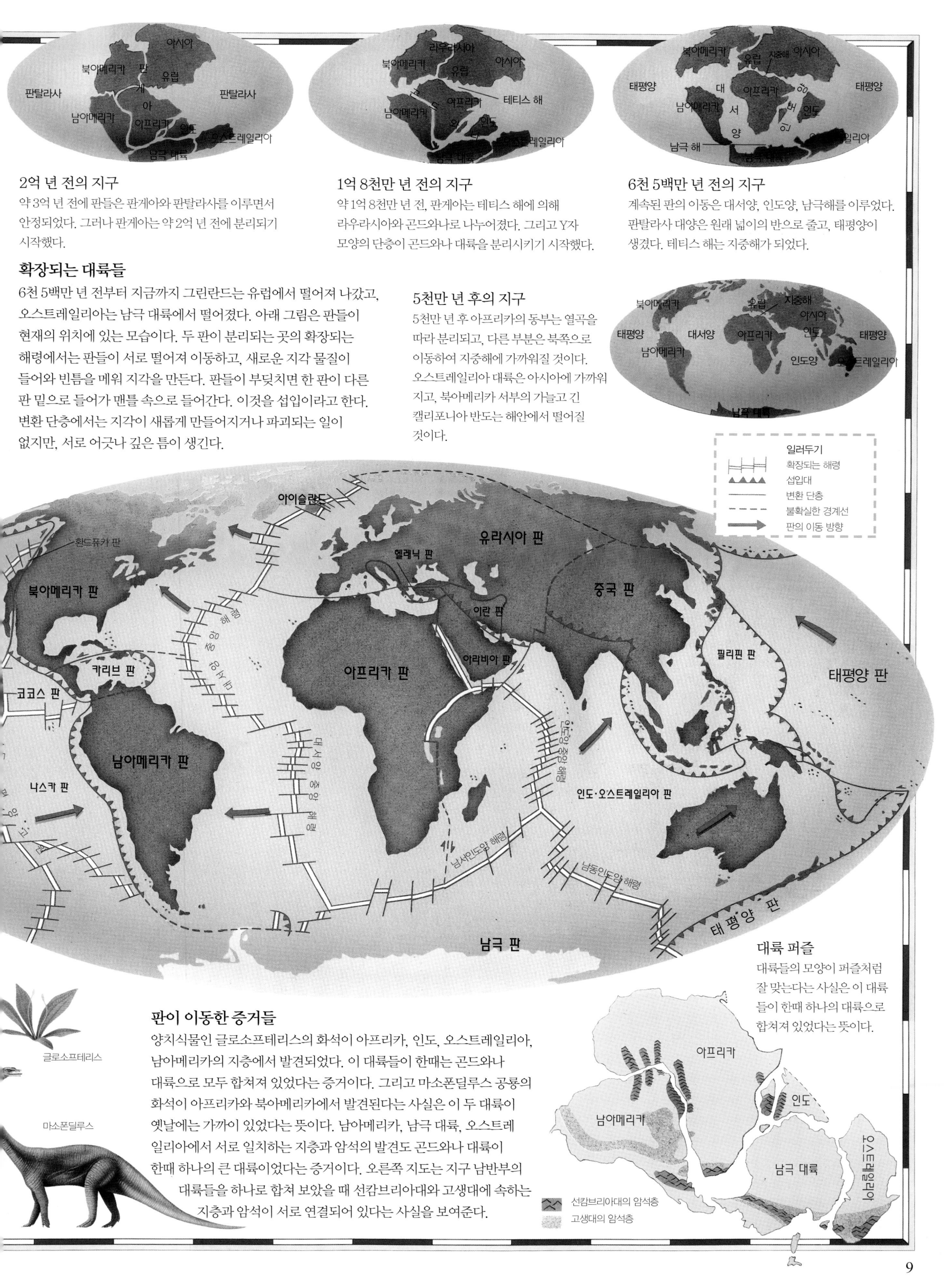

2억 년 전의 지구
약 3억 년 전에 판들은 판게아와 판탈라사를 이루면서 안정되었다. 그러나 판게아는 약 2억 년 전에 분리되기 시작했다.

1억 8천만 년 전의 지구
약 1억 8천만 년 전, 판게아는 테티스 해에 의해 라우라시아와 곤드와나로 나누어졌다. 그리고 Y자 모양의 단층이 곤드와나 대륙을 분리시키기 시작했다.

6천 5백만 년 전의 지구
계속된 판의 이동은 대서양, 인도양, 남극해를 이루었다. 판탈라사 대양은 원래 넓이의 반으로 줄고, 태평양이 생겼다. 테티스 해는 지중해가 되었다.

확장되는 대륙들
6천 5백만 년 전부터 지금까지 그린란드는 유럽에서 떨어져 나갔고, 오스트레일리아는 남극 대륙에서 떨어졌다. 아래 그림은 판들이 현재의 위치에 있는 모습이다. 두 판이 분리되는 곳의 확장되는 해령에서는 판들이 서로 떨어져 이동하고, 새로운 지각 물질이 들어와 빈틈을 메워 지각을 만든다. 판들이 부딪치면 한 판이 다른 판 밑으로 들어가 맨틀 속으로 들어간다. 이것을 섭입이라고 한다. 변환 단층에서는 지각이 새롭게 만들어지거나 파괴되는 일이 없지만, 서로 어긋나 깊은 틈이 생긴다.

5천만 년 후의 지구
5천만 년 후 아프리카의 동부는 열곡을 따라 분리되고, 다른 부분은 북쪽으로 이동하여 지중해에 가까워질 것이다. 오스트레일리아 대륙은 아시아에 가까워지고, 북아메리카 서부의 가늘고 긴 캘리포니아 반도는 해안에서 떨어질 것이다.

일러두기
- 확장되는 해령
- 섭입대
- 변환 단층
- 불확실한 경계선
- 판의 이동 방향

판이 이동한 증거들
양치식물인 글로소프테리스의 화석이 아프리카, 인도, 오스트레일리아, 남아메리카의 지층에서 발견되었다. 이 대륙들이 한때는 곤드와나 대륙으로 모두 합쳐져 있었다는 증거이다. 그리고 마소폰딜루스 공룡의 화석이 아프리카와 북아메리카에서 발견된다는 사실은 이 두 대륙이 옛날에는 가까이 있었다는 뜻이다. 남아메리카, 남극 대륙, 오스트레일리아에서 서로 일치하는 지층과 암석의 발견도 곤드와나 대륙이 한때 하나의 큰 대륙이었다는 증거이다. 오른쪽 지도는 지구 남반부의 대륙들을 하나로 합쳐 보았을 때 선캄브리아대와 고생대에 속하는 지층과 암석이 서로 연결되어 있다는 사실을 보여준다.

글로소프테리스

마소폰딜루스

대륙 퍼즐
대륙들의 모양이 퍼즐처럼 잘 맞는다는 사실은 이 대륙들이 한때 하나의 대륙으로 합쳐져 있었다는 뜻이다.

- 선캄브리아대의 암석층
- 고생대의 암석층

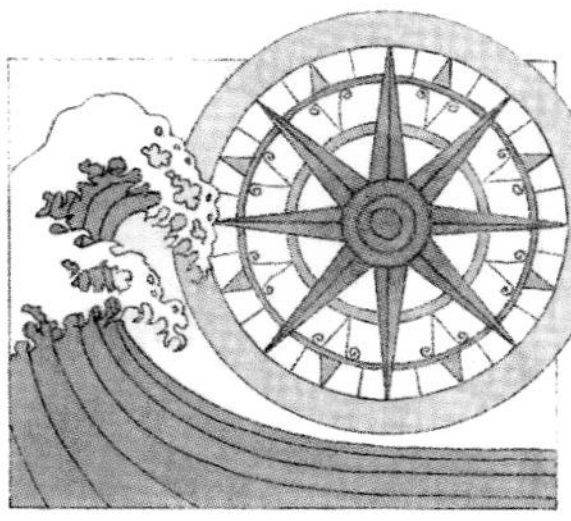

해양 탐험
Ocean Exploration

사람들은 수천 년 동안 배로 항해하면서 새로운 삶의 터전과 좀더 좋은 무역 항로를 찾아 탐험했다. 그러나 해양에 관한 과학적 탐험은 1872년, 영국의 해양 탐사선 챌린저 호를 통해 시작되었다. 이 탐사선은 해양에서 일어나는 화학, 물리학, 생물학, 지질학적 특징들을 연구하며 3년 이상 항해했다. 챌린저 호의 과학자들이 쓴 방대한 보고서는 현대 해양학의 기초가 되었다. 오늘날에는 심해 잠수 조사정(바닷속에서 자유롭게 항해하는 작은 잠수정)과 무인 해저 탐사 잠수정(원격 조정 잠수 관측기구)을 사용해 해양에 관한 지식을 넓혀 가는 한편, 새로운 발견을 계속하고 있다.

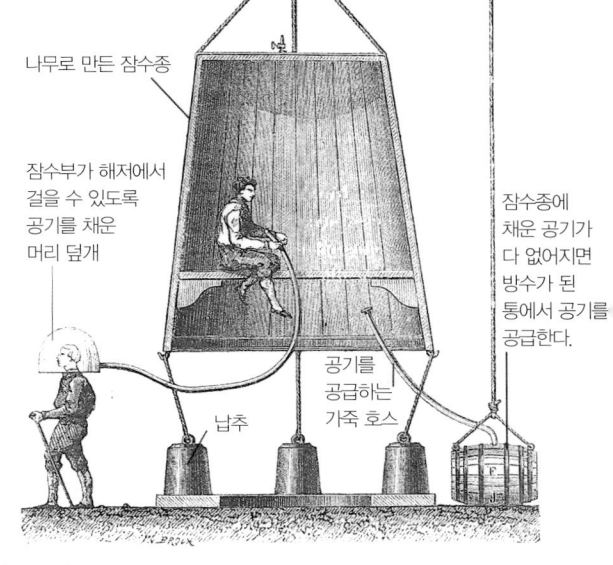

핼리의 잠수종

나무로 만든 잠수종

잠수부가 해저에서 걸을 수 있도록 공기를 채운 머리 덮개

잠수종에 채운 공기가 다 없어지면 방수가 된 통에서 공기를 공급한다.

공기를 공급하는 가죽 호스

납추

영국의 천문학자 에드먼드 핼리 경은 1690년, 잠수부가 해저에서 일할 수 있도록 잠수종을 만들었다. 지금도 사용되고 있는 이 잠수종은 바다 밑으로 내려질 때 공기가 종 안에 채워져 잠수부가 해저에서 숨을 쉬게 한다. 오늘날에는 자체적으로 공기를 공급하는 현대적인 장비가 많이 개발되어 있다.

오늘날의 해양 탐사

1940년대까지도 과학자들은 해저 지형에 관해 거의 몰랐다. 그러나 1945년 이후 탐사 기술이 크게 발전하면서 1960년대에 현대적 잠수정과 무인 원격 조정 잠수 관측기구가 개발되었다. 이 두 관측 장비는 바다 위에 있는 전용선에서 조작한다. 아래 그림은 최신 현대 장비가 해저 지형을 탐사하는 모습이다.

음파를 이용한 해저 지도 작성

과학자들은 음파를 이용하여 해저 화산이나 해구 등 심해저 지형 지도를 작성한다. 수중 음파 탐지기로 음파를 내보내면 음파가 바다 바닥에 이르러 반사되어 오는데, 이것이 기록지에 기록된다.

진동에 의한 분석

해저 유전을 탐지하기 위해 수중 폭발을 일으킨다. 충격파가 해저의 암석에 이르면 반사되어 돌아온다. 이 반사파로부터 해저 암석의 종류를 알 수 있다.

고정 부표

고정 부표에는 수온, 수압, 해류를 측정하는 수중 장비를 장착할 수 있다. 조사선은 음파를 이용하여 부표와 교신한다.

상자형 채취 기구

해저 퇴적물의 표본을 채취하는 데 사용한다. 이 퇴적물 표본을 분석하여 해저 물질과 생물에 관한 정보를 얻는다.

심해저 썰매

바다 밑바닥에 가라앉아 일정한 거리를 미끄러지면서 바다 밑바닥에 붙어사는 생물을 그물 속에 채집한다. 이 장비에는 사진기가 있다.

글로리아

배가 끄는 원거리용 음파 탐지기이다. 그림처럼 탐지기 양쪽으로 음파가 넓게 퍼진다.

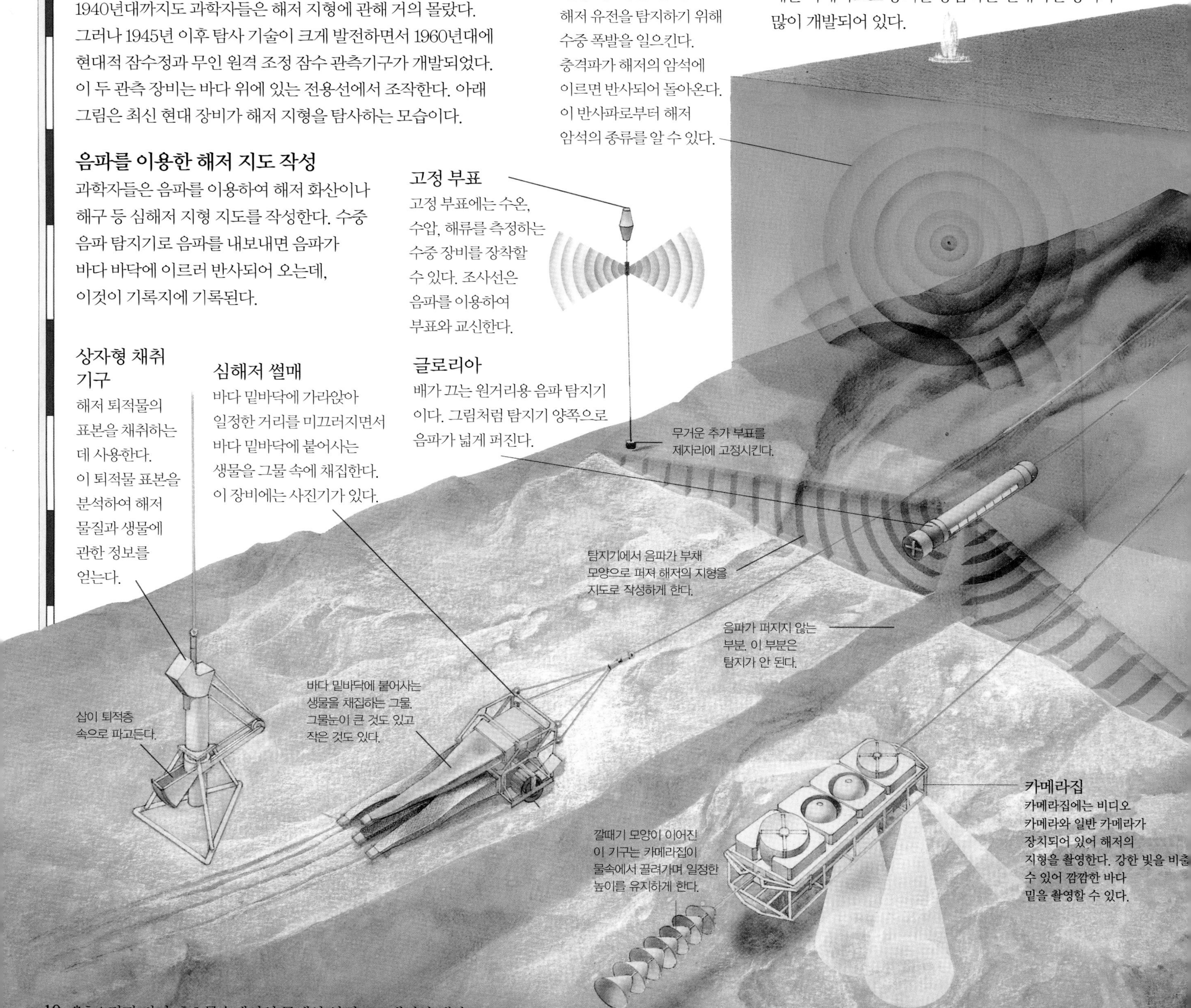

무거운 추가 부표를 제자리에 고정시킨다.

탐지기에서 음파가 부채 모양으로 퍼져 해저의 지형을 지도로 작성하게 한다.

음파가 퍼지지 않는 부분. 이 부분은 탐지가 안 된다.

삽이 퇴적층 속으로 파고든다.

바다 밑바닥에 붙어사는 생물을 채집하는 그물. 그물눈이 큰 것도 있고 작은 것도 있다.

깔때기 모양이 이어진 이 기구는 카메라집이 물속에서 끌려가며 일정한 높이를 유지하게 한다.

카메라집

카메라집에는 비디오 카메라와 일반 카메라가 장치되어 있어 해저의 지형을 촬영한다. 강한 빛을 비출 수 있어 깜깜한 바다 밑을 촬영할 수 있다.

잠수 기록

사람의 잠수에 관한 최초의 기록은 약 2천 년 전, 그리스의 해면잡이 잠수부에 관한 설명서에 있다. 잠수부가 사용한 최초의 잠수 기구는 잠수종이었다. 1800년대 중반에 이르러 잠수부는 무거운 고무옷을 입고, 구리로 만든 헬멧을 머리에 썼다. 공기가 호스를 통해 헬멧에 공급되었다. 1940년대에는 프랑스의 잭 쿠스토와 에밀 가난이 스쿠버(잠수용 수중 호흡 장치)를 발명했다. 오른쪽 그림은 잠수부와 잠수 기기의 잠수 기록이다.

인공위성

인공위성이 해수 표면의 온도, 파도의 높이, 해류의 흐름, 해양의 오염 정도를 조사한다. 배가 항로를 찾는 데 도움을 주는 인공위성도 있다.

무거운 플랫폼은 끌리는 케이블이 물속에서 똑바로 되도록 눌러 준다.

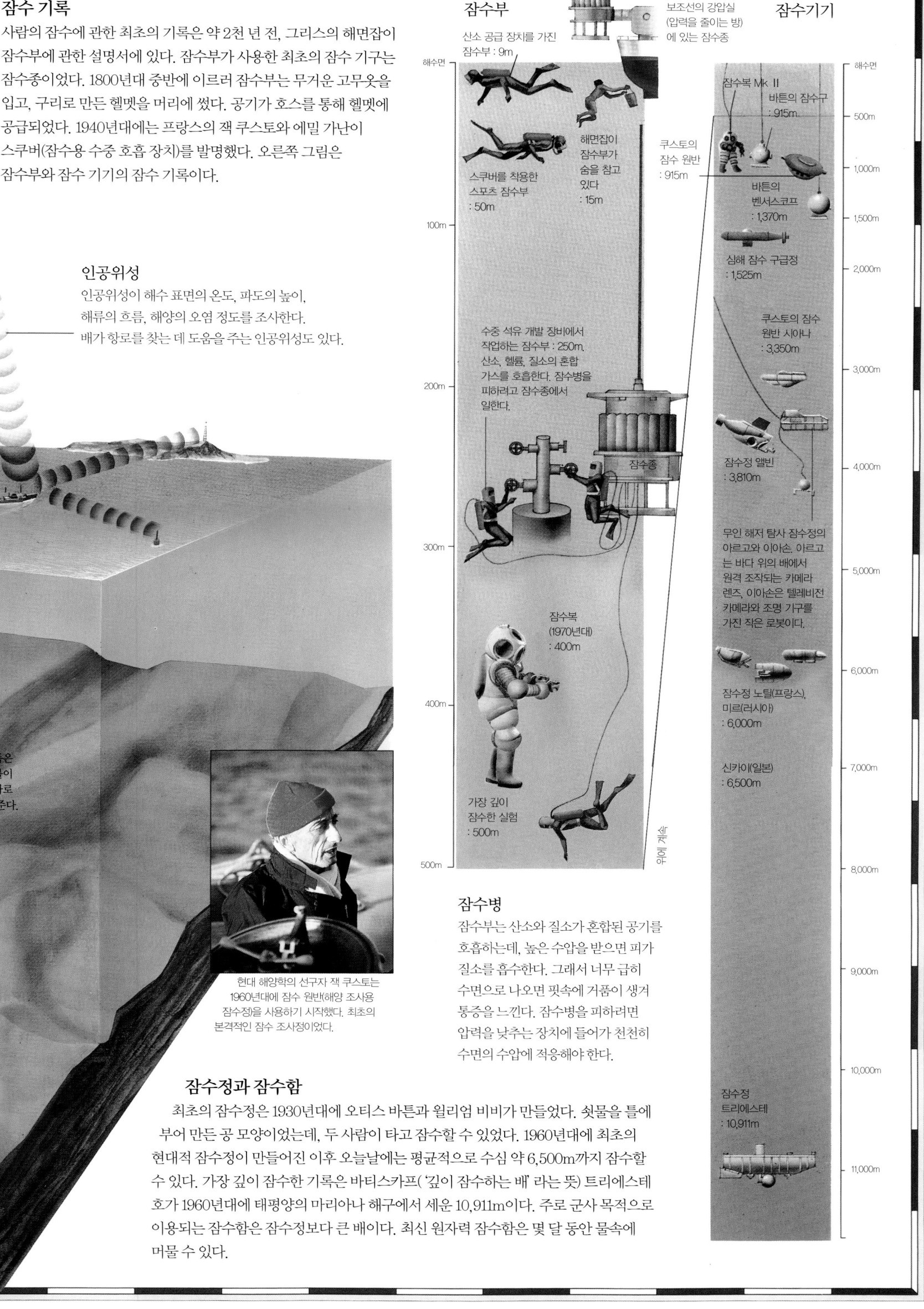

현대 해양학의 선구자 잭 쿠스토는 1960년대에 잠수 원반(해양 조사용 잠수정을 사용하기 시작했다. 최초의 본격적인 잠수 조사정이었다.

잠수부

산소 공급 장치를 가진 잠수부 : 9m

보조선의 강압실 (압력을 줄이는 방) 에 있는 잠수종

스쿠버를 착용한 스포츠 잠수부 : 50m

해면잡이 잠수부가 숨을 참고 있다 : 15m

쿠스토의 잠수 원반 : 915m

수중 석유 개발 장비에서 작업하는 잠수부 : 250m, 산소, 헬륨, 질소의 혼합 가스를 호흡한다. 잠수병을 피하려고 잠수종에서 일한다.

잠수종

잠수복 (1970년대) : 400m

가장 깊이 잠수한 실험 : 500m

위에 계속

잠수기기

잠수복 Mk II 바튼의 잠수구 : 915m

바튼의 벤서스코프 : 1,370m

심해 잠수 구급정 : 1,525m

쿠스토의 잠수 원반 시아나 : 3,350m

잠수정 앨빈 : 3,810m

무인 해저 탐사 잠수정의 아르고와 이아손. 아르고는 바다 위의 배에서 원격 조작되는 카메라 렌즈, 이아손은 텔레비전 카메라와 조명 기구를 가진 작은 로봇이다.

잠수정 노탈(프랑스), 미르(러시아) : 6,000m

신카이(일본) : 6,500m

잠수정 트리에스테 : 10,911m

해수면 · 500m · 1,000m · 1,500m · 2,000m · 3,000m · 4,000m · 5,000m · 6,000m · 7,000m · 8,000m · 9,000m · 10,000m · 11,000m

해수면 · 100m · 200m · 300m · 400m · 500m

잠수병

잠수부는 산소와 질소가 혼합된 공기를 호흡하는데, 높은 수압을 받으면 피가 질소를 흡수한다. 그래서 너무 급히 수면으로 나오면 핏속에 거품이 생겨 통증을 느낀다. 잠수병을 피하려면 압력을 낮추는 장치에 들어가 천천히 수면의 수압에 적응해야 한다.

잠수정과 잠수함

최초의 잠수정은 1930년대에 오티스 바튼과 윌리엄 비비가 만들었다. 쇳물을 틀에 부어 만든 공 모양이었는데, 두 사람이 타고 잠수할 수 있었다. 1960년대에 최초의 현대적 잠수정이 만들어진 이후 오늘날에는 평균적으로 수심 약 6,500m까지 잠수할 수 있다. 가장 깊이 잠수한 기록은 바티스카프('깊이 잠수하는 배'라는 뜻) 트리에스테 호가 1960년대에 태평양의 마리아나 해구에서 세운 10,911m이다. 주로 군사 목적으로 이용되는 잠수함은 잠수정보다 큰 배이다. 최신 원자력 잠수함은 몇 달 동안 물속에 머물 수 있다.

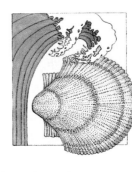

먹이그물 The Web of Life

바다에서 살고 있는 수많은 종류의 생물들은 육지에서와 마찬가지로 먹고 먹히는 관계로 서로 이어져 있어, 모든 해양의 먹이그물은 광합성 작용으로 자신의 먹이를 만드는 해양 식물로부터 시작된다. 즉, 식물은 태양 광선의 에너지, 물, 탄산가스를 이용하여 영양분을 합성한다. 조식동물처럼 지방하게 못하는 소비자라고 하는데, 단순한 먹이그물의 경우 생산자인 식물을 소비자인 동물이 먹는다. 동식물들은 서로 얽히고설켜 아래 그림처럼 복잡한 구조를 이루고 있다. 만일 어떤 하나의 연결이 끊어지면 다른 여러 연결이 영향을 받는다.

해양 식물

바다에서 가장 많고 중요한 식물은 수면층에서 떠돌이다니는 식물 플랑크톤이다. 이것은 단세포로는 가장 단순한 동식물이나 해조류는 얕은 물이나 해안에서 자라는데, 줄기 큰 해조류는 길이가 50m나 된다. 줄기 속이나 바닷가에서 사는 식물 중에는 꽃을 피우는 것이 비교적 적다.

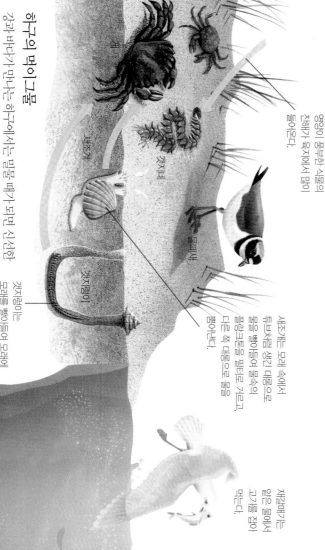

조식동물과 육식동물

아래 그림처럼 먹이그물에서 바쳐지는 것이 있다. 식물 플랑크톤이 조식동물의 동물을 크든에게 먹히고, 조식동물은 육식동물에게 먹히고, 이 육식동물은 보다 큰 육식동물에게 먹힌다. 그리고 먹이그물의 높은 단계에 있는 동물의 사체와 배설물이 밑에 가라앉아 분해자들에게 먹힌다.

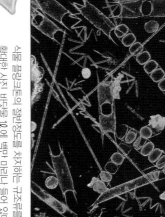

해안의 바위를 뒤덮어 자라는 해조류는 작은 고둥, 성게 같은 생물에게 먹는 조식동물이다. 그리고 조식동물은 큰게와 물고기, 성게 같은 조식동물은 게와바닷새 같은 육식동물의 먹이가 된다.

해안의 먹이그물

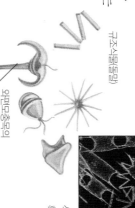

얕은 해역

대부분의 해양 식물은 광합성에 가능해 영양분을 만들 수 있는 수심 150m까지의 얕은 수면층에서 성장하는 이 수층은 하구(강어귀)나 얕은 해역 등 여러 환경에서 다양한 먹이그물의 출발점이 된다.

얕은 바다

단지만 걸은 얕은해역(갯)는 미역처럼 잎·줄기·뿌리가 구분이 있는 것는 성게 같은 생물에게 인기가 먹이를 제공한다. 바깥바다와 맞닿는 얕은 바닷물에서 식물 플랑크톤을 걸러 먹는다.

하구의 먹이그물

강과 바다가 만나는 하구에서는 많은 물플랑크톤이 떠돈다. 식물 플랑크톤은 미생물의 밥이 되고, 이 미생물은 해안의 갯지렁이, 새조개, 고둥 등의 먹이가 된다. 게와 새우 먹이를 구해먹고 이유를 뒤진다.

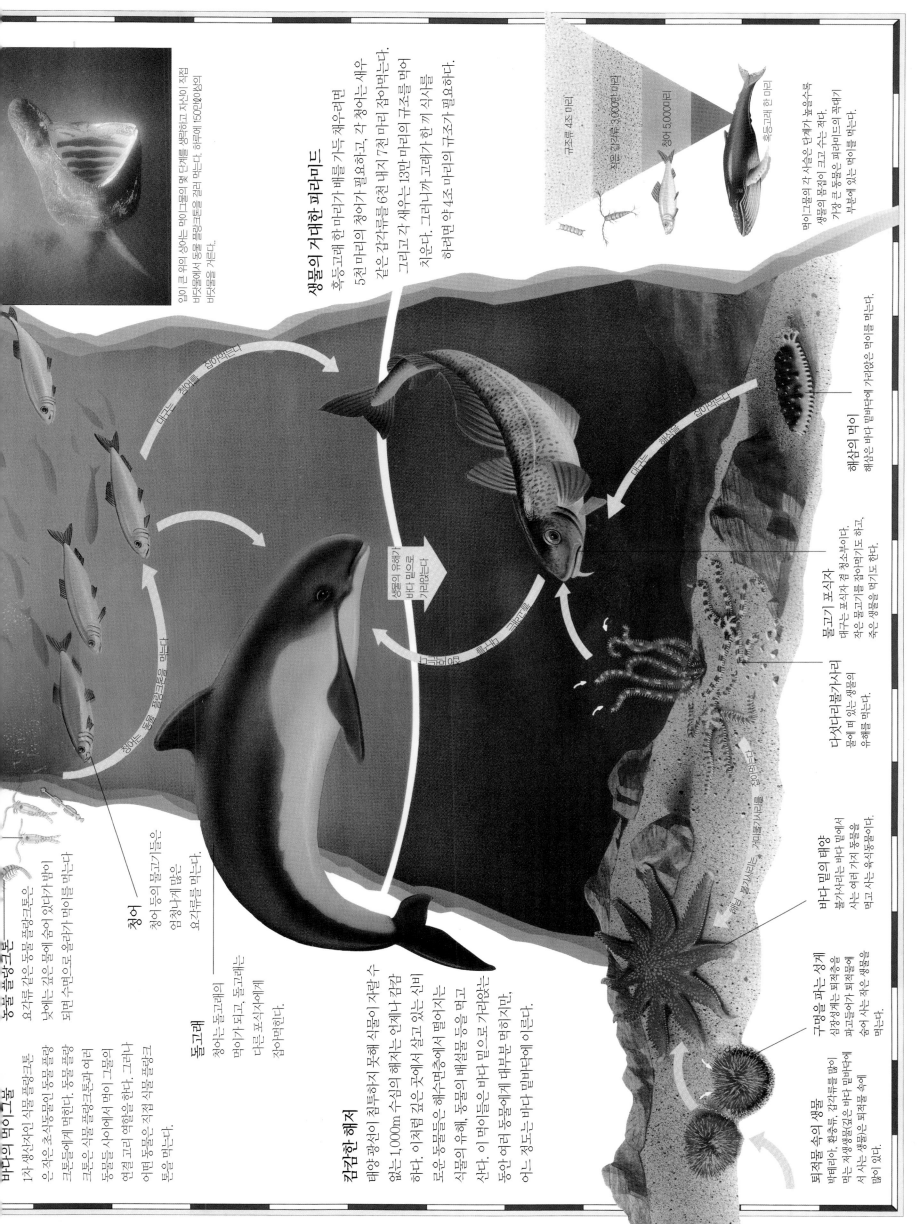

바다의 먹이그물

[자]생생산자인 식물 플랑크톤은 죽은 유기체와 동물 플랑크톤은 크릴들에게 먹힌다. 동물 플랑크톤은 식물 플랑크톤과 더 작은 동물 플랑크톤 사이에서 먹이 그물의 연결 고리 역할을 한다. 그러나 어떤 동물은 직접 식물 플랑크톤을 먹는다.

동물 플랑크톤

요각류 같은 동물 플랑크톤은 낮에는 깊은 물에 숨어 있다가 밤에 표면 수면으로 올라가 먹이를 먹는다.

돌고래

청어는 돌고래의 먹이가 되고, 돌고래는 다른 포식자에게 잡아먹힌다.

청어

청어 등의 물고기들은 엄청나게 많은 요각류를 먹는다.

캄캄한 해저

태양 광선이 침투하지 못해 식물이 자랄 수 없는 1,000m 수심의 해저도 언제나 캄캄하다. 이처럼 깊은 곳에서 살고 있는 신비로운 동물들은 해수면층에서 떨어지는 모든 동물의 배설물 등을 먹고 산다. 이 먹이들은 바다 밑으로 가라앉는 동안 여러 동물에게 대부분 먹히지만, 어느 정도는 바다 밑바닥에 이른다.

생물의 거대한 피라미드

흑등고래 한 마리가 배를 가득 채우려면 5천 마리의 청어가 필요하고, 각 청어는 해수 안은 감각류를 6천 내지 7천 마리 잡아먹는다. 그리고 각 새우는 13만 마리의 규조를 먹어 치운다. 그러니까 고래가 한 끼 식사를 하려면 약 4조 마리의 규조가 필요하다.

규조류 4조 마리

작은 갑각류 3,000만 마리

청어 5,000마리

흑등고래 한 마리

먹이그물의 각 사슬은 단계가 높아질수록 생물의 몸집이 크고 수도 작다. 가장 큰 동물은 피라미드의 꼭대기 부분에 있는 먹이를 만든다.

해삼의 먹이

해삼은 바다 밑바닥에 가라앉은 먹이를 먹는다.

물고기 포식자

대구는 포식자이며 청소부이다. 작은 물고기를 잡아먹기도 하고, 죽은 물고기를 먹기도 한다.

다섯대리불가사리

몸에 매달리는 것으로 생물이 유해를 먹는다.

바다 밑의 태양

불가사리는 바다 밑에서 사는 여러 가지 동물을 먹고 사는 육식동물이다.

구멍을 파는 생체

심장성게는 퇴적층을 파고들어가 퇴적물에 숨어 사는 작은 생물을 먹는다.

퇴적물 속의 생물

박테리아, 한충류, 갑각류를 많이 먹는 저생생물은 바다 밑바닥에 서식하는 생물은 퇴적물 속에 많이 있다.

입이 큰 위의 생하는 먹이그물의 몇 단계를 생략하고 자신이 직접 바닷물에서 동물 플랑크톤을 걸러 먹는다. 하루에 150만마리의 바닷물을 거른다.

대서양 The Atlantic Ocean

태평양 다음으로 큰 대서양은 지구 표면의 약 5분의 1인 82,000,000km²를 차지한다. 북쪽은 북극해, 남쪽은 남극, 서쪽은 북아메리카와 남아메리카, 동쪽은 유럽과 아프리카에 이른다. 동서의 폭이 자그마치 9,600km에 달하는데, 지금도 대서양 중앙 해령에서 해마다 계속 2~4cm씩 벌어지고 있다.

나이가 약 1억 5천만 년밖에 안 된 대서양은 적도를 경계로 하여 북대서양과 남대서양으로 나뉜다. 평균 수심은 3,660m, 가장 깊은 곳은 8,648m이다.

대륙붕

대륙붕은 대륙에 인접해 있으면서 수심이 얕은 해저 지역이다. 대서양은 많은 광물 자원과 수산 자원이 대륙붕에 있다. 어획량의 약 90%가 이곳에서 잡힌다. 주요 어장은 캐나다의 동해안 앞바다와 유럽의 북서 해안 앞바다이다. 그러나 지금 대륙붕은 폐수, 석유, 화학물질, 또는 미국 동부의 뉴욕 같은 큰 도시들에서 나오는 쓰레기에 의해 크게 오염되었다.

푸에르토리코 해구

카리브 판과 아메리카 판이 충돌한 결과로 생겼으며, 대서양에서 가장 깊은 곳이다. 깊이가 8,648m에 이른다.

대서양에 떠다니는 많은 빙산 중에서 그린란드 빙하에서 떨어져 나온 것 빙산이 떨어져 나오는 과정을 '깨짐' 이라고 한다. 떨어져 나온 빙산은 해류에 의해 남쪽으로 운반된다.

북대서양

적도부터 북극까지 펼쳐져 있는 북대서양은 세계적인 공업 국가들에 둘러싸여 있어서 배가 아주 많이 다닌다. 대륙붕 근처에서는 해마다 3백만 톤 이상의 고기가 잡힌다. 그러나 북대서양 북부에서는 안개, 파도, 강풍, 빙산이 항해에 큰 어려움을 준다.

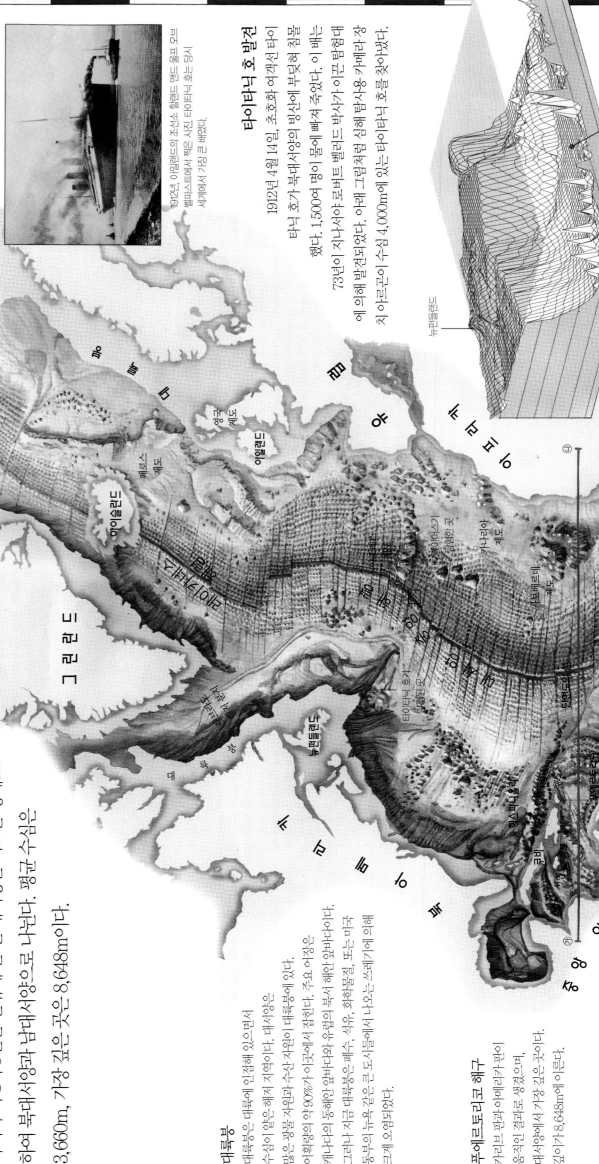

타이타닉 호 발견

1912년 4월 14일, 초호화 여객선 타이타닉 호가 북대서양의 빙산에 부딪혀 침몰 했다. 1,500여 명이 물에 빠져 죽었다. 이 배는 73년이 지나서야 로베트 벨러드 박사가 이끈 탐험대에 의해 발견되었다. 아래 그림처럼 심해 탐사용 카메라 장치 아르고로 수심 4,000m에 있는 타이타닉 호를 찾아냈다.

1912년, 아일랜드의 작은 항구 퀸스타운을 떠나고 있는 타이타닉 호의 모습. 당시 세계에서 가장 큰 배였다.

뉴펀들랜드

타이타닉 호가

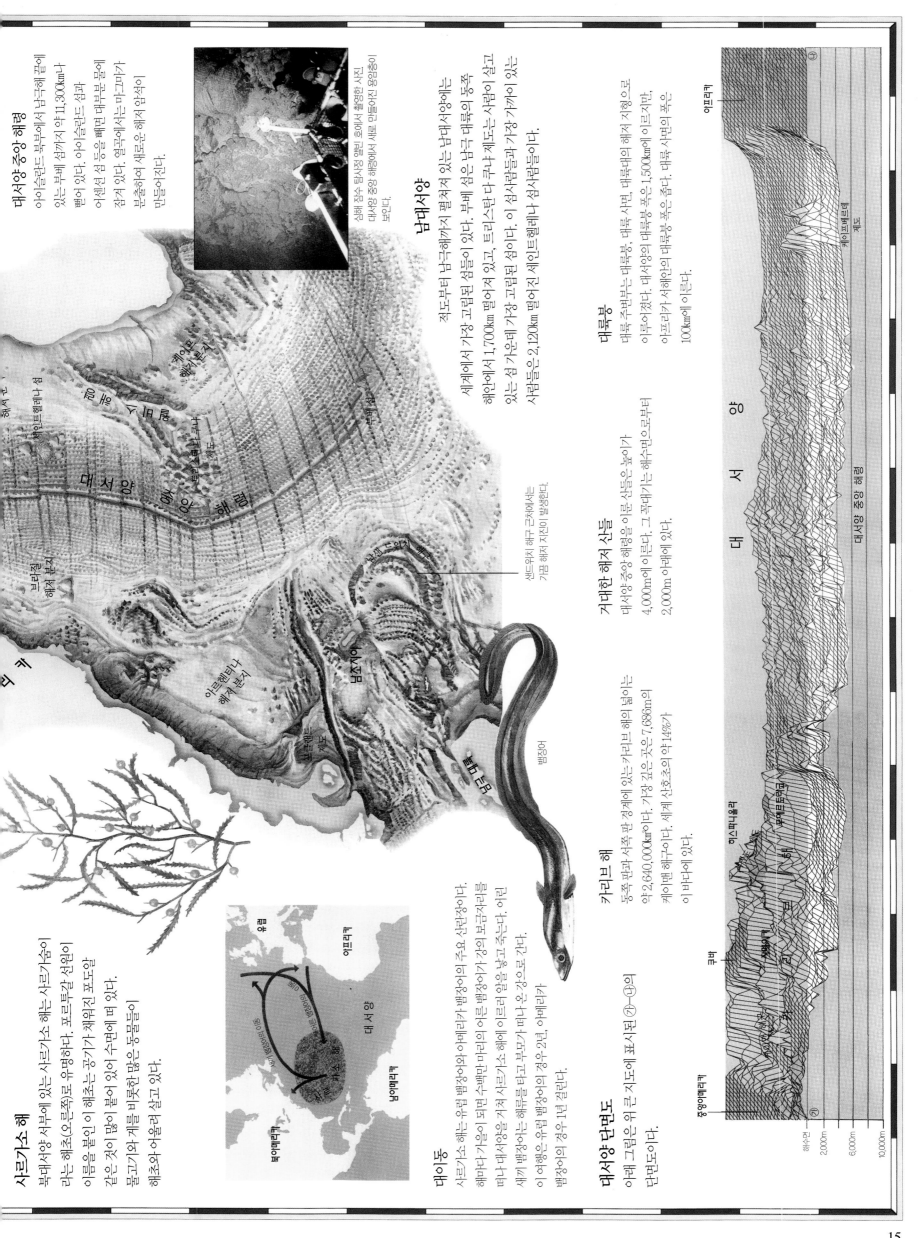

대서양 중앙 해령

아이슬란드 북부에서 남극해 끝에 있는 부베 섬까지 약 11,300km나 뻗어 있다. 아이슬란드 섬과 이름을 붙인 이 해조는 공기가 채워진 포드롤 같은 이 섬을 등을 빼면 대부분 물에 잠겨 있다. 얕은곳에서는 마그마가 분출하여 새로운 해저 암석이 만들어진다.

심해 잠수 탐사정 앨빈 호에서 촬영한 사진. 대서양 중앙 해령에서 새로 만들어진 용암총이 보인다.

남대서양

적도부터 남극해까지 펼쳐져 있는 남대서양에는 세계에서 가장 고립된 섬들이 있다. 부베 섬은 남극 대륙의 동쪽 해안에서 1,700km 떨어져 있고, 트리스탄다쿠냐 제도는 다른 사람이 살고 있는 섬 가운데 가장 고립된 섬이다. 이 섬사람들과 가장 가까이 있는 사람들은 2,120km 떨어진 세인트헬레나 섬 사람들이다.

대륙붕

대륙 주변부는 대륙붕, 대륙 사면, 대륙붕의 해저 지형으로 이루어졌다. 대서양의 대륙붕 폭은 1,500km에 이르지만, 아프리카 서해안의 대륙붕 폭 혹은 대륙 사면의 폭은 100km에 이른다.

거대한 해저 산들

대서양 중앙 해령을 이룬 산들은 높이가 4,000m에 이른다. 그 꼭대기는 해수면으로부터 2,000m 아래에 있다.

사르가소 해

북대서양 북서부에 있는 사르가소 해는 사르가숨이라는 해조(오른쪽)로 유명하다. 포르투갈 선원이 이름을 붙인 이 해조는 공기가 채워진 포도알 같은 것이 많이 붙어 있어 수면에 떠 있다. 물고기와 게를 비롯한 많은 동물들이 해조와 어울려 살고 있다.

뱀장어

사르가소 해는 유럽 뱀장어와 아메리카 뱀장어의 주요 산란장이다. 바다 가운데의 이 따뜻한 수역에서 부화한 마리의 어린 뱀장어가 강의 보금자리를 떠나 대서양을 거쳐 사르가소 해에 이르러 알을 낳고 죽는다. 어미 뱀장어는 해류를 타고 부모가 떠나 온 유럽이나 아메리카로 간다. 이 여행은 유럽 뱀장어의 경우 2년, 아메리카 뱀장어의 경우 1년 걸린다.

대서양 단면도

아래 그림은 위 큰 지도에 표시된 (가)-(나)의 단면도이다.

카리브 해

동쪽 끝과 서쪽 경계에 있는 카리브 해 넓이는 약 2,640,000km²이다. 가장 깊은 곳은 7,686m인 케이맨 해구이다. 세계 산호초의 약 14%가 이 바다에 있다.

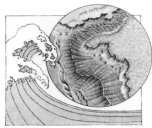

대륙 주변부
Continental Margins

해안에서 심해까지 경사져 있는 해저 지형의 대륙 지각 부분을 대륙 주변부라고 한다. 대륙붕, 대륙 사면, 대륙대로 이루어져 있는데, 이러한 세 해저 지형은 폭, 경사도, 수심이 각각 다르다. 대륙 주변부에는 대서양형과 태평양형이 있다. 그러나 이 두 종류가 대서양과 태평양에만 있는 것은 아니다. 대륙붕과 대륙대의 폭이 넓은 대서양형은 대륙과 대륙 주변부 해저가 하나의 판이기 때문에 화산과 지진 활동이 거의 없다. 대륙붕의 폭이 좁고 대륙 사면의 경사가 가파른 태평양형은 대륙대에 수심이 깊은 해구가 있다. 대륙 지각과 해저 지각이 각각 다른 판이기 때문에 해저 지각이 대륙 지각 밑으로 섭입(들어감)되면서 지진과 화산 활동이 발생한다.

대서양 주변부
오른쪽 지도는 북유럽을 둘러싼 대륙붕의 모습이다. 대륙붕의 폭이 넓은데, 모든 대서양형 대륙 주변부가 갖는 특징이다. 아래 그림은 오른쪽 지도의 지역을 중앙대서양에서 본 것이다. 화살표는 아래 그림을 본 위치이다.

대륙붕
경사가 완만한 대륙붕은 해수면이 상승하여 잠긴 육지이다. 폭이 평균 70km인데, 시베리아 북부 해안에서는 900km나 된다. 대륙붕 끝에서는 해저면의 경사가 급해진다.

대륙 사면
대륙붕 끝에서 대륙대에 이르기까지의 해저 지형이다. 대륙붕보다 더 경사지고, 깊고, 폭이 좁다. 수심은 2,500m, 폭은 평균 20km에 이른다. 그리고 해저 협곡에 의해 침식되는 경우가 있다.

대륙대
대륙 사면 끝에서 심해저에 이르기까지의 해저 지형이다. 수심은 4,000m 이상. 모래와 진흙 등 대륙붕과 대륙 사면으로부터 운반된 퇴적물이 두껍게 쌓여 이루어졌다.

아래는 전형적인 대서양형 대륙 주변부의 대륙붕, 대륙 사면, 대륙대와 그에 따른 생물대의 모습이다.

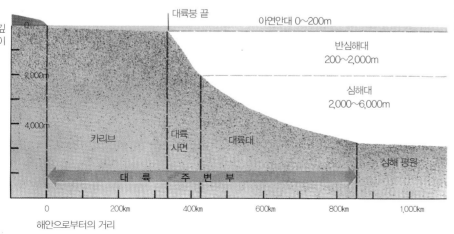

영국의 포큐파인 해중만의 대륙 사면에서 촬영된 쥐꼬리 모양의 물고기.

생물대
바다를 깊이에 따라 나누는 수심 구분대(왼쪽)는 대륙 주변부의 물리적 특징과 대체로 일치한다. 아연안대는 대륙붕, 반심해대는 대륙 사면, 심해대는 대륙대와 심해저 평원에 해당한다. 그리고 수심이 깊어질수록 생물은 적어진다. 먹이가 적어지고, 물이 더 차가워지고, 빛이 안 들어오고, 엄청난 수압(물의 압력)이 작용하여 살아가기가 어렵기 때문이다. 일정한 자연 조건에 따라 각기 다른 생물이 살아가는 구역을 '생물대'라고 한다.

해저 협곡

해저 협곡은 대륙 주변부 밑바닥이 깊게 침식된 거대한 골짜기이다. 큰 강물이 바다로 흘러드는 대륙붕에서 시작해 물과 퇴적물이 섞인 혼합물의 흐름에 의해 침식되면서 폭이 점점 넓어진다. 깊이 1,000m 이상의 이러한 해저 협곡은 대륙 사면을 지나 심해저까지 퇴적물이 운반되는 통로 역할을 한다.

해저 협곡

퇴적 물질이 저탁류에 의해 협곡을 지나 심해저 평원으로 운반된다.

해저 협곡의 끝에 퇴적 물질이 쌓여 심해저 선상지가 이루어진다.

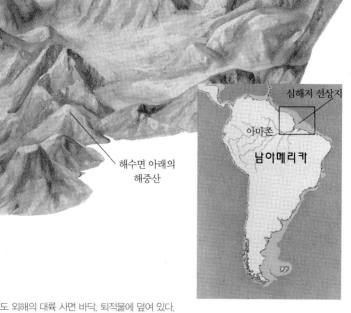

해저 협곡

에스파냐와 포르투갈의 대륙붕은 폭이 매우 좁고, 심해저가 급경사를 이룬다.

붕단

해수면 아래의 해중산

저탁류

저탁류는 강물에 의해 흘러든 진흙, 모래 등이 바닷물과 혼합되어 흐르는 것이다. 많은 물질을 대륙붕에서 대륙 사면과 대륙대에까지 운반하는 저탁류는 지진, 홍수 등의 원인으로 갑자기 발생한다. 매우 빠르게 흐르기 때문에 간혹 해저 전선(케이블)을 끊을 수도 있다. 그러나 경사가 완만한 곳에 이르면 속도가 줄면서 많은 물질을 퇴적시켜 심해저 선상지를 이룬다.

심해저 선상지

저탁류가 해저 협곡을 따라 운반해 온 많은 물질은 비교적 평평한 심해저에 부채꼴로 넓게 퍼지면서 쌓인다. 이러한 심해저 선상지는 주로 대서양형 대륙 주변부에서 발견된다. 태평양형 대륙 주변부에서는 대륙 사면이 수심 깊은 해구로 연결되기 때문에 물질이 해구에 운반, 퇴적된다. 그래서 선상지가 안 생긴다.

아마존 삼각주

남아메리카 대륙 북동 해안에서 대서양으로 흘러드는(왼쪽 지도) 아마존 강은 시간마다 약 7,730억ℓ의 물을 흘려보낸다. 찰흙, 진흙, 모래 등 많은 물질이 바다로 운반되는데, 그 중에서 비교적 무거운 것은 강어귀에 퇴적되어 삼각주를 만들고, 보다 가벼운 것은 심해저로 운반되어 아래 그림처럼 심해저 선상지를 이룬다.

아마존 삼각주를 찍은 항공사진 회색 부분이 퇴적물이 쌓인 곳이다. 그 밖의 물질은 대륙붕으로 운반되어 심해저 선상지를 만든다.

심해저 선상지

아마존

남아메리카

제도 외해의 대륙 사면 바닥. 퇴적물에 덮여 있다.

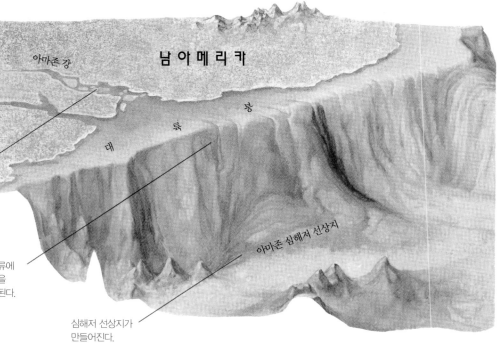

아마존 강

남 아 메 리 카

대 륙 붕

많은 물질이 아마존 강의 물에 의해 바다로 운반된다.

많은 물질이 저탁류에 의해 대륙붕의 끝을 지나 심해로 운반된다.

심해저 선상지가 만들어진다.

아마존 심해저 선상지

심해저 평원
Abyssal Plains

대륙 주변부가 끝나는 곳에서 시작되는 심해저 평원은 수심이 4,000~6,000m이다. 1㎞를 가야 겨우 1m의 높이 차이가 날 정도로 지구상에서 가장 평평한 지형이지만, 깊이 패어 있는 해구가 있다. 평원을 덮고 있는 두꺼운 퇴적층 아래에는 구릉과 저지의 작은 기복이 있는 해저 지각이 있다. 깜깜하고 차갑고 수압이 높은 이 심해저에도 신비롭고 다양한 생물들이 살고 있다.

심해저 평원이 발견되는 곳
해령과 대륙 주변부 사이에서 심해저 넓이의 약 50%를 차지하는 심해저 평원은 폭이 약 200~2,000㎞나 된다. 대서양과 인도양에는 많지만, 태평양에서는 얼마 없다. 위의 지도에서 빗금을 그은 부분이 주요 심해저 평원이 있는 곳이다.

심해성 저서 생물
심해저 평원 바닥이나 바닥 가까이에서 사는 심해성 저서 생물들은 대부분 퇴적층 속에 들어가 살거나, 보이지 않게 숨어 산다. 작은 단세포 동물부터 그보다 큰 새우에 이르기까지 그 종류가 다양하다. 불가사리, 해삼, 성게 등은 바다 표면에서 살고 있고, 심해 새우류나 몇 종류의 이상한 어류 등은 바닥 가까이 떠 있거나 헤엄쳐 다니기도 한다.

삼각대 어류
삼각대 어류는 세 개의 긴 지느러미들을 기둥처럼 사용하여 몸이 바닥에서 조금 떠 있도록 한다. 그리고 먹이가 지나가기를 기다리다가 가까이 오면 갑자기 달려들어 잡아먹는다.

할로사우르
심해성 오징어류를 먹는 이 어류는 저생 어류에 속하며, 길이가 2m나 된다. 주둥이가 뾰족하고, 몸통이 꼬리에 가까워질수록 가늘어지는 것이 특징이다. 뾰족한 주둥이는 무척추동물을 해저에서 쫓아낼 때 사용하는 것 같다.

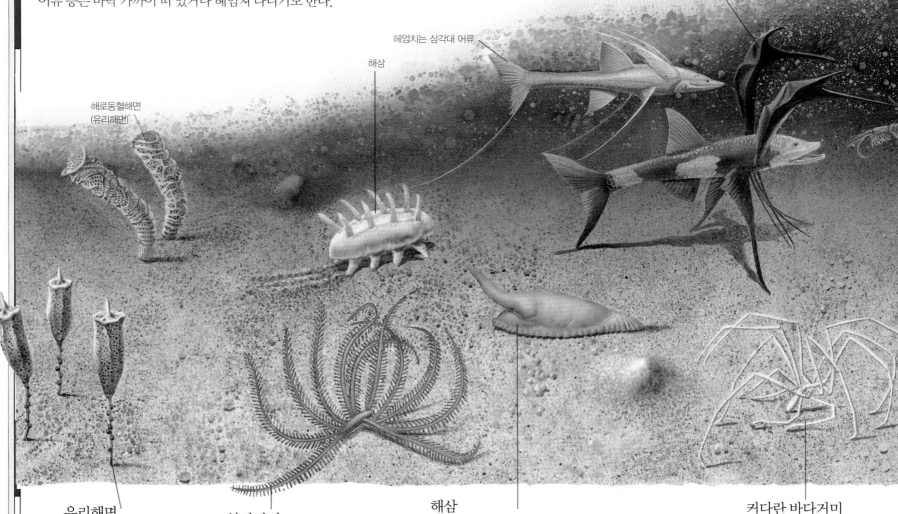

심해저에 서 있는 삼각대 어류

헤엄치는 삼각대 어류

해삼

해로동혈해면 (유리해면)

유리해면
높이 40㎝까지 자라는 유리해면은 규소 줄기로 바닥에 선다. 규소 '골격'이 유리 섬유 같아서 이런 이름이 붙었다.

불가사리
심해저에서 발견되는 큰 동물 가운데 가장 흔한 극피동물에는 성게, 해삼, 불가사리 등이 있다. '극피'는 '가시 돋친 피부'라는 뜻이다.

해삼
해삼은 부드럽고 미끌미끌한데도 극피동물로 분류된다. 대부분 심해저 바닥을 천천히 기어 다니며 진흙층에 들어 있는 동물의 유해와 식물의 잔해를 먹는다. 동식물의 유해와 잔해가 들어 있는 퇴적물을 '유기 퇴적물'이라고 한다.

커다란 바다거미
수심 약 5,000m의 해저에서 발견되며, 긴 다리로 심해저의 부드러운 진흙 위를 걷는다. 환형동물이나 무척추동물의 체액을 대롱 같은 주둥이로 빨아먹는다.

심해 유영동물

심해저 평원 위의 수층에서 서식하는 심해 유영동물에는 희귀 어류, 오징어류, 새우류가 포함되어 있다. 그 중에서 위장을 위해 몸 빛깔이 항상 검은 어류는 대부분 이가 날카롭고 입이 큰 육식동물이다. 신축성 있는 위가 있어서 자기 몸의 두세 배나 되는 먹이도 잡아먹는다.

어둠 속의 빛

캄캄한 깊은 바닷속에서 사는 어류 중에는 스스로 빛을 내는 종류가 많다. '푸시페린'이라는 특별한 화학물질이나 자신의 몸에 기생하는 발광 박테리아를 이용해 빛을 내 먹이를 꾀거나 동료를 알아본다.

아귀류

심해의 아귀류는 입 위쪽에 긴 낚싯대 모양의 지느러미가 있다. 그 끝에 빛을 내는 둥근 발광기가 있어서 작은 물고기가 이 발광기를 먹이로 착각하고 덤벼들다가 커다랗게 열린 아귀의 입 속으로 곧장 들어간다.

풍선장어

풍선장어는 주머니 같은 큰 입을 크게 벌리거나, 위를 크게 늘릴 수 있어 자신보다 훨씬 큰 소형 갑각류도 한입에 삼킬 수 있다.

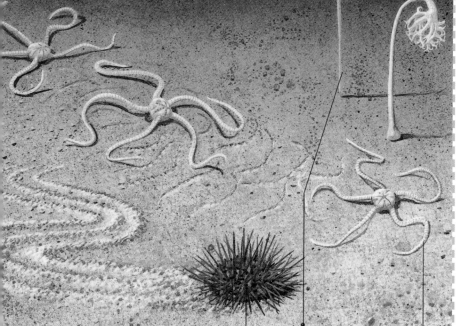

풍선장어(아래 사진)는 아래턱과 위턱을 분리시켜 동굴 같은 입을 더 크게 벌린다

할로사우로

해저의 퇴적물

해저 평원을 이루고 있는 퇴적물의 두께는 300~500m이다. 1,000년에 1~15㎜씩 수백만 년 동안 쌓인 것이다. 일부는 육지에서 강을 통해 운반되지만, 대부분은 표면 수층에서 천천히 가라앉았다. 이러한 퇴적물에는 아래와 같은 식물 잔해와 동물 유해가 많이 포함되어 있다. 오른쪽 지도는 대서양 해저에서 발견된 퇴적물의 종류를 보여준다.

그린란드
북아메리카
유럽
아프리카
남아메리카

연니: 플랑크톤의 유해가 해저에 퇴적해 있는 부드러운 흙

■ 찰흙
■ 유공충 연니   ■ 방산충 연니   ■ 익족류 연니   ■ 규조류 연니

유공충   방산충류   익족류   규조류

성게

거미불가사리

모래에 남긴 흔적

심해저 평원의 바닥에서 움직이는 동물이 이리저리 움직이면서 모래에 남긴 흔적을 '생물 흔적'이라고 한다. 이런 흔적이 퇴적물에 덮여 사라지기까지는 오랜 시간이 걸린다.

바다조름

바다조름은 암초를 이루는 돌 같은 산호와 달리 몸이 부드러운 산호이다. 영어 이름은 '바다 펜'인데, 옛날 사용한 깃촉펜의 모양과 비슷해 붙여졌다. 1.5m까지 자랄 수 있다.

태평양 The Pacific Ocean

대서양의 두 배, 지구 표면적의 3분의 1이나 되는 태평양은 가장 크고 깊은 대양이다. 북쪽은 북극해, 남쪽은 남극해에 이르며 아시아, 오스트레일리아, 아메리카 대륙에 둘러싸여 있다. 가장 넓은 폭은 지구 둘레의 절반 정도 되는 약 17,700km, 평균 수심은 4,200m이고, 지구에서 가장 깊은 마리아나 해구의 비티아스 해연(11,034m)과 챌린저 해연(10,920m)이 있다. 약 2000년 전에 처음으로 태평양을 탐험한 폴리네시아인들은 나무토막으로 만든 지도와 별, 구름의 모양을 보고 항로를 개척했다. 오늘날 과학자들은 해구, 해령, 수천 개의 화산섬과 산호섬 등 태평양의 다양한 해저 지형을 탐험하고 있다.

동태평양 해령

태평양 판과 나스카 판의 경계를 이루고 있는 동태평양 해령은 태평양 동부에서 남북으로 뻗어 있는 해저 산맥이다. 높이 2,000~3,000m, 폭 4,000m, 수심 약 3,300m에 달한다. 화산 활동이 계속 발생하고 마그마가 올라와 지금도 해마다 12~16cm씩 지각이 확장되고 있다.

위 지도의 ㉮~㉯에 해당하는 지형의 단면도, 해저 지형을 분명히 나타내기 위해 단면의 높이를 과장했다.

균열대

태평양의 해저, 특히 동태평양 해령 주위에는 종은 폭으로 길게 균열이 많이 나 있다. 동서로 수천 킬로미터나 뻗어 있는 이 균열대는 확장되는 산맥에 대해 직각 방향이다.

샌안드레아스 단층

미국 서부 캘리포니아 주에 있는 이 단층은 태평양판과 북아메리카판 경계에 있다. 길이는 약 435km, 두 개의 판이 이동하며 스치는 곳이기 때문에 큰 지진이 자주 발생한다.

아 메 리 카

페루·칠레 해구

오 스 트 레 일 리 아

태평양 심해저에 흩어져 있는 망간 덩어리를 촬영한 사진

고립된 섬

갈라파고스 제도는 남아메리카 북서부 에콰도르의 서해안에서 서쪽으로 약 1,000km 떨어진 태평양의 화산섬들이다. 영국의 자연 과학자 찰스 다윈은 비글 호를 타고 해양을 탐험할 때(1831~1836) 갈라파고스 제도에 들러 이 섬의 생물에 관해 연구했다. 그리고 그 결과, 생물은 자연 도태에 의해 진화한다는 진화론이 탄생했다.

찰스 다윈

이 섬들은 고립된 위치 때문에 특유한 동식물이 번성했다. 가장 유명한 동물들은 1.5m까지 자랄 수 있고, 200살까지 살 수 있는 거대한 거북이 지금도 살고 있을지 모른다. 바다이구아나는 바다에서는 유일한 도마뱀류이다.

태평양의 광물 자원

태평양 해저 곳곳에 해양 자원이 널리 퍼져 있다. 어떤 생물의 해저의 조그만 입자에 몇 백만 년 동안 달라붙어 이루어지는 이 덩어리에는 구리, 니켈, 코발트, 철 등도 들어 있지만, 주요 성분은 페라이트, 건전지, 강철의 원료로 쓰이는 망간이다. '춘설 폼포선'이라는 배를 이용해 해저로부터 망간 덩어리를 빼어올린다.

태평양 단면도

위 지도의 ㉮~㉯에 해당하는 해저 지형의 단면도. 비교를 위해 지구에서 가장 높은 에베레스트 산을 그려 넣었다.

염수 분출구

동태평양 해령의 수심 약 2,500m에서는 해저가 갈라진 틈에서 열수(지하에서 마그마에 열을 받아 뜨거워진 물)가 뿜어져 나온다. 이 틈을 염수 분출구라고 한다.

화산섬

하와이 제도의 섬들을 비롯해 태평양에 흩어져 있는 수천 개의 화산섬 등은 해저에서 위로 솟은 해저 화산의 꼭대기이다.

하와이를 비롯한 태평양 섬들의 모래는 빛깔이 검다. 섬은 화산 활동에 의해 이루어졌기 때문이다. 수천 년 동안 파도가 화산섬의 검은 용암을 부숴 검은 모래가 생겼다.

해저산

태평양에는 다른 대양보다 해저산이 많다. 해저산은 해저의 화산인데, 꼭대기가 뾰족하거나 평평한 것이 특징이다.

해구

해구는 하나의 해양 판이 다른 해양 판에 섭입되어 생긴다.

마리아나 해구
비티아스 해연(11,034m),
챌린저 해연(10,920m)
지구에서 가장 깊은 곳

하와이 섬의 마우나케아 산은 해저에서 9,200m 이상 솟은 화산의 꼭대기이다. 이 산은 세계에서 가장 높은 산이다.

에베레스트 산
8,848m

지형을 분명히 나타내기 위해 단면의 높이를 과장했다.

8,000m
4,000m
해수면
4,000m
8,000m
12,000m

동태평양 해령
해령
해구

안데스, 남아메리카
갈라파고스 제도
필리핀 해구
남중국 해

태 평 양 드 넓 은 해 저 평 원
남서태평양 해저 분지
하와이 제도
뉴질랜드
부활절 군열대
이스터 섬

화산섬 *Volcanic Islands*

화산은 지구 내부 깊숙한 곳에서 뜨거운 마그마(용해된 암석)가 지각의 틈이나 구멍을 통해 분출하여 굳어져 이루어진다. 해저에 있는 수천 개의 화산들은 육지에 있는 화산들보다 훨씬 높게 넓게 분포한다. 아래 그림에 있는 하와이 제도의 섬들은 수백만 년 동안 계속된 화산 활동으로 생긴 큰 화산들의 꼭대기가 수면 위로 솟은 것이다. 해양 과학자들이 이처럼 해저 화산의 분포를 지도로 나타내고 연구할 수 있게 된 것은 비교적 최근의 일이다. 과학 기술의 급속한 발전으로 지금은 음파를 이용한 장비, 고성능 카메라, 심해 잠수정, 원격 조정 장비 등 최첨단 장비를 사용하고 있다.

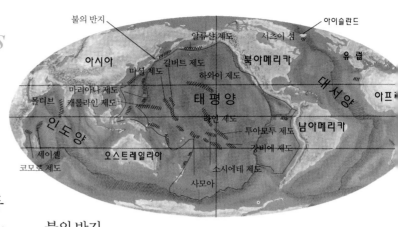

불의 반지

전세계 대부분의 화산은 위 지도처럼 태평양 판의 둘레, 이른바 '불의 반지'(환태평양 화산대)에 집중되어 있다. 파괴적인 지진과 빈번한 화산 폭발이 있어 '불의 반지'라는 이름이 붙었다. 이 반지의 중간에 있는 섬들의 사슬은 열점 위에서 이루어졌다.(오른쪽 페이지 참조)

나이 순서대로

하와이 제도 섬들의 용암을 채취해 연구한 결과, 북서쪽 끝부분 화산섬이 남동쪽 끝부분 화산섬보다 더 오래 된 것으로 밝혀졌다. 카우아이 섬 암석은 약 5백만 년, 하와이 섬 암석은 백만 년 미만이다. 이러한 사실들은 태평양 판이 고정적인 열점 위에서 거대한 컨베이어 벨트처럼 이동하고 있다는 것을 뜻한다. 가장 오래 된 화산의 꼭대기와 옆면은 침식에 의해 깎였다.

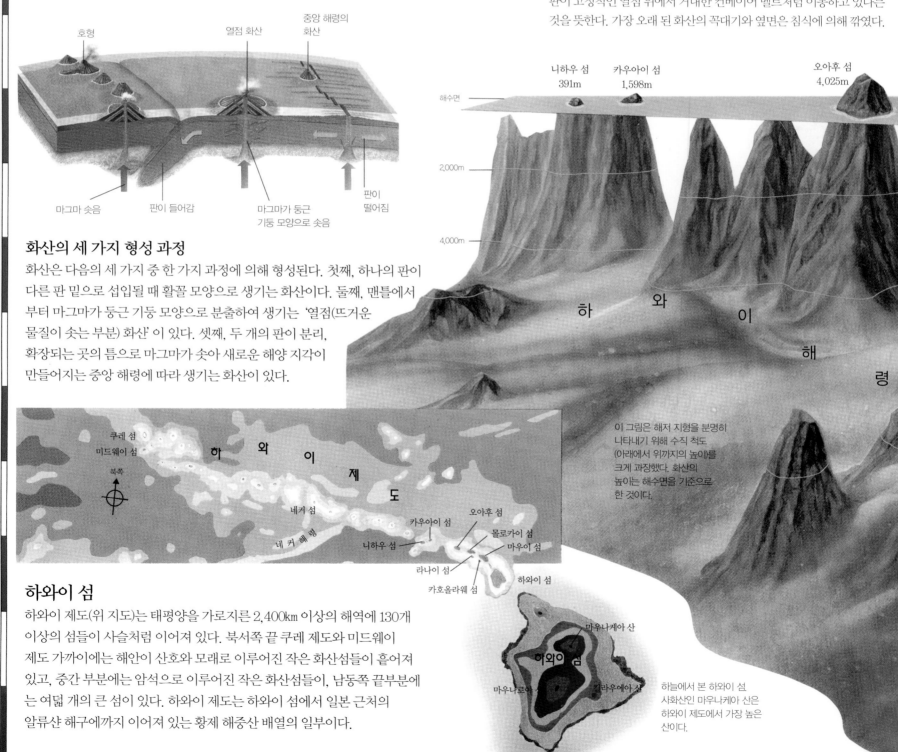

화산의 세 가지 형성 과정

화산은 다음의 세 가지 중 한 가지 과정에 의해 형성된다. 첫째, 하나의 판이 다른 판 밑으로 섭입될 때 활꼴 모양으로 생기는 화산이다. 둘째, 맨틀에서 부터 마그마가 둥근 기둥 모양으로 분출하여 생기는 '열점(뜨거운 물질이 솟는 부분) 화산'이 있다. 셋째, 두 개의 판이 분리, 확장되는 곳의 틈으로 마그마가 솟아 새로운 해양 지각이 만들어지는 중앙 해령에 따라 생기는 화산이 있다.

이 그림은 해저 지형을 분명히 나타내기 위해 수직 척도(아래에서 위까지의 높이를 크게 과장했다. 화산의 높이는 해수면을 기준으로 한 것이다.

하와이 섬

하와이 제도(위 지도)는 태평양을 가로지른 2,400km 이상의 해역에 130개 이상의 섬들이 사슬처럼 이어져 있다. 북서쪽 끝 쿠레 제도와 미드웨이 제도 가까이에는 해안이 산호와 모래로 이루어진 작은 화산섬들이 흩어져 있고, 중간 부분에는 암석으로 이루어진 작은 화산섬들이, 남동쪽 끝부분에는 여덟 개의 큰 섬이 있다. 하와이 제도는 하와이 섬에서 일본 근처의 알류샨 해구에까지 이어져 있는 황제 해중산 배열의 일부이다.

하늘에서 본 하와이 섬 사화산인 마우나케아 산은 하와이 제도에서 가장 높은 산이다.

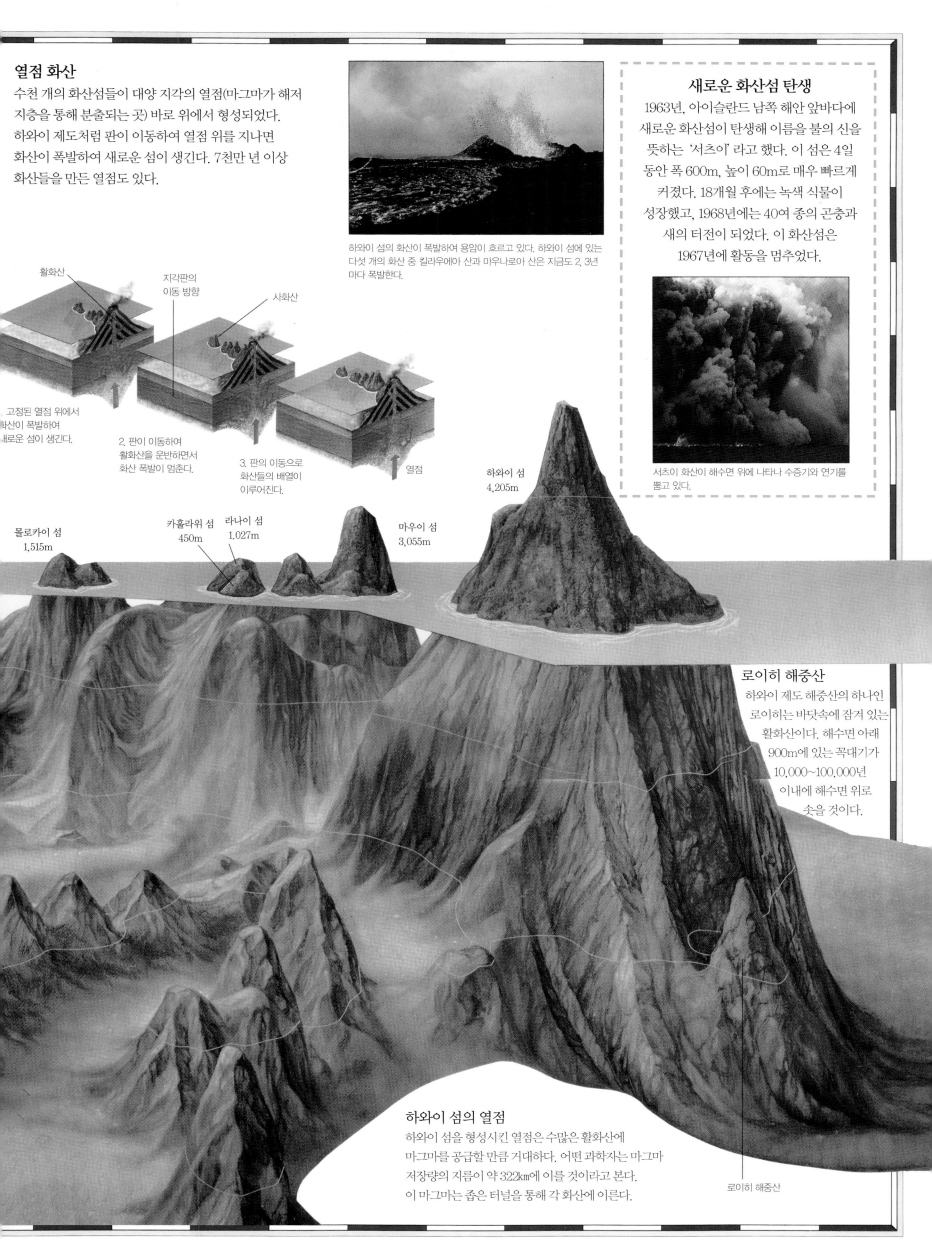

열점 화산

수천 개의 화산섬들이 대양 지각의 열점(마그마가 해저 지층을 통해 분출되는 곳) 바로 위에서 형성되었다. 하와이 제도처럼 판이 이동하여 열점 위를 지나면 화산이 폭발하여 새로운 섬이 생긴다. 7천만 년 이상 화산들을 만든 열점도 있다.

하와이 섬의 화산이 폭발하여 용암이 흐르고 있다. 하와이 섬에 있는 다섯 개의 화산 중 킬라우에아 산과 마우나로아 산은 지금도 2, 3년마다 폭발한다.

새로운 화산섬 탄생

1963년, 아이슬란드 남쪽 해안 앞바다에 새로운 화산섬이 탄생해 이름을 불의 신을 뜻하는 '서츠이'라고 했다. 이 섬은 4일 동안 폭 600m, 높이 60m로 매우 빠르게 커졌다. 18개월 후에는 녹색 식물이 성장했고, 1968년에는 40여 종의 곤충과 새의 터전이 되었다. 이 화산섬은 1967년에 활동을 멈추었다.

서츠이 화산이 해수면 위에 나타나 수증기와 연기를 뿜고 있다.

활화산

지각판의 이동 방향

사화산

1. 고정된 열점 위에서 화산이 폭발하여 새로운 섬이 생긴다.

2. 판이 이동하여 활화산을 운반하면서 화산 폭발이 멈춘다.

3. 판의 이동으로 화산들의 배열이 이루어진다.

열점

몰로카이 섬 1,515m

카홀라위 섬 450m

라나이 섬 1,027m

마우이 섬 3,055m

하와이 섬 4,205m

로이히 해중산

하와이 제도 해중산의 하나인 로이히는 바닷속에 잠겨 있는 활화산이다. 해수면 아래 900m에 있는 꼭대기가 10,000~100,000년 이내에 해수면 위로 솟을 것이다.

로이히 해중산

하와이 섬의 열점

하와이 섬을 형성시킨 열점은 수많은 활화산에 마그마를 공급할 만큼 거대하다. 어떤 과학자는 마그마 저장량의 지름이 약 322km에 이를 것이라고 본다. 이 마그마는 좁은 터널을 통해 각 화산에 이른다.

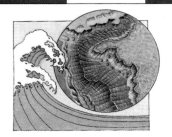

해중산 *Seamounts*

해저에서 이루어져 해수면 위로 솟아 오르지 못한 화산을 해중산(바다 속의 산)이라고 한다. 대부분 원뿔 모양이며, 옆면은 경사가 급하다. 꼭대기는 해저에서 1,000m 이상 되는데, 꼭대기가 평평한 해중산을 '기요' 라고 한다. 화산섬과 같은 과정으로 이루어진 대부분의 해중산은 무리를 짓고 있거나, 아래 그림의 황제 해중산처럼 일정한 방향으로 배열되어 있다. 가장 큰 해중산은 대서양 북동부에 있는 '대 메테오르 기요' 이다. 높이가 4,000m, 밑바닥의 폭이 100km 이상이나 된다.

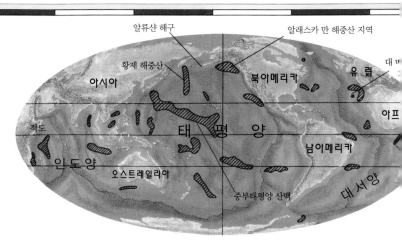

해중산이 있는 곳
태평양, 대서양, 인도양에는 각각 수백 개의 해중산이 있지만, 태평양에 가장 많다. 해중산은 형성 과정이 화산섬과 비슷해서 바다 밑바닥의 화산 활동이 많은 지역에서 발견된다. 위의 지도에서 빗줄을 그은 부분은 해중산이 많은 곳이다.

황제 해중산
황제 해중산 사슬은 하와이 제도 서쪽 끝에서 알류샨 해구 가까이까지 이어져 있다. 해양 과학자들은 이것을 하와이 제도의 연장이라고 생각한다. 이 사슬의 화산섬들과 해중산들의 나이가 북서쪽으로 갈수록 많기 때문이다. 이는 황제 해중산의 화산섬들과 하와이 제도의 화산섬들이 하나의 열점을 지나가면서 이루어졌다는 뜻이다.

해중산의 나이
알류샨 열도에 가장 가까운 해중산(❶)은 반대쪽인 하와이 섬에 가장 가까운 해중산(❶)보다 수백만 년 오래 되었다. 이 그림의 숫자는 왼쪽 작은 지도에 있는 숫자에 해당한다.

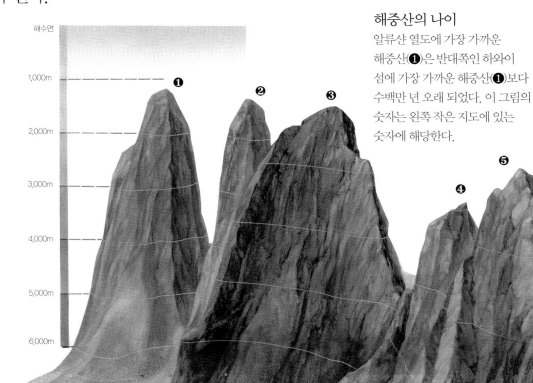

해중산은 바다 밑바닥에서 급경사를 이루며 솟아 있다. 그 바다 밑바닥은 퇴적물에 덮여 있을 것이다.

황제 해중산

오른쪽의 큰 그림은 이 지역을 이 화살표 방향으로 본 것이다.

바다 위와 바닷속
오른쪽 그림은 해저 지형을 분명히 나타내기 위해 고도를 과장해 그렸다. 왼쪽의 단면도는 황제 해중산과 하와이 제도에서 가장 큰 두 섬, 하와이 섬과 마우이 섬을 비교했다. 수백만 년 후면 이 두 섬은 침식되어 물속에 잠겨 해중산처럼 될 것이다.

마우이 섬과 하와이 섬

해중산 모양(왼쪽)과 화산섬 모양의 비교

기요

북태평양에 특히 많은 기요는 물 위에 솟아 있던 화산섬이 침식을 받은 후 물속에 잠긴 것이다. 해수면 아래 1,000~2,000m쯤에 있는 꼭대기는 파도에 의한 침식으로 평평하다. '기요'라는 이름은 18세기 스위스의 지질학자인 '아놀드 기요'의 이름을 딴 것이다.

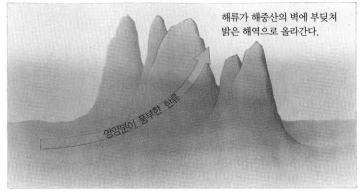

해류가 해중산의 벽에 부딪쳐 밝은 해역으로 올라간다.

영양분이 풍부한 한류

왼쪽 그림처럼 심층 해류가 해중산 급사면을 만나면 경사 지형을 타고 올라가 소용돌이치며 흐른다.

영양분이 풍부한 바닷물은 먹이를 구하는 물고기들을 끌어당긴다. 작은 물고기들은 천적으로부터 위협을 덜 받기 위해 무리를 지어 살아간다.

풍부한 먹이

심해저에 비해 해중산과 기요 상부에는 해양 생물이 많이 살고 있다. 수심이 얕아 해수면층에서 먹이가 많이 내려올 뿐만 아니라, 영양 염류가 많고 차가운 심층 해류가 해중산 경사면을 타고 해중산 상부 쪽으로 밀려 올라오기 때문이다. 영양 염류가 풍부한 또 다른 해류가 해중산 뒤쪽에서 소용돌이칠 때도 있다.

17km

해수면
1,000m
2,000m

50km

프랫 기요

❻ 북태평양 알래스카 만 바닷속에 있는 프랫 기요는 높이가 약 2,700m나 된다. 위의 그림은 이 기요를 컴퓨터로 그린 것이다.

흑산호

흑산호도 다른 산호 종류와 마찬가지로 산호충이라는 작은 개체들로 이루어졌다. 그러나 돌의 성질을 가진 골격 대신 동물의 뿔 성질을 가진 골격으로 이루어져 있다.

물에서 먹이를 걸러 먹는 생물

해중산 주위에서 생기는 해류의 소용돌이는 아래 그림에 있는 산호류와 해면 등 필터로 물에서 먹이를 걸러 먹는 생물들의 성장에 도움을 준다. 해류가 운반한 영양 물질은 1차 생산자인 식물성 플랑크톤의 성장을 돕는다.

고르고니아 산호

해중산 옆면의 150m 깊이에서 가끔 발견되는 고르고니아 산호들은 해류를 가로막듯이 큰 부채꼴을 이루는 경우가 많다. 물속에 있는 먹이를 걸러 먹기에 가장 좋기 때문이다. 1970년대에는 황제 해중산에서 많은 고르고니아 산호 무리가 발견되면서 산호 값이 폭락하기도 했다.

흑산호

고르고니아 산호

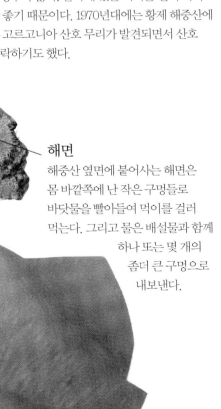

해면

해중산 옆면에 붙어사는 해면은 몸 바깥쪽에 난 작은 구멍들로 바닷물을 빨아들여 먹이를 걸러 먹는다. 그리고 물은 배설물과 함께 하나 또는 몇 개의 좀더 큰 구멍으로 내보낸다.

해구 Deep-Sea Trenches

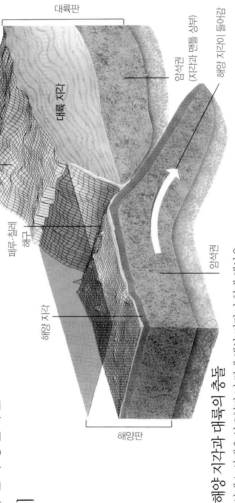

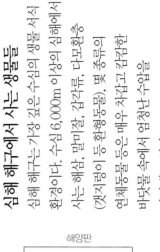

길고 좁은 V자 모양의 해저 골짜기인 해구는 지구에서 가장 깊은 수심을 나타내는 지점이다. 두 개의 해양 지각판, 또는 하나의 해양 지각판과 하나의 대륙 지각판이 만나 하나의 판이 다른 판 아래로 겹쳐 들어가는 곳에서 생긴다. 만약 이러한 섭입 현상 없이 두 개의 판이 밀어져 가면서 생기는 지각의 확장만 있었다면 지구는 지난 2억 년 동안 현재보다 두 배 이상 커졌을 것이다. 해구는 두 개의 판이 충돌하는 곳이기 때문에 심해저 지진과 화산 폭발이 빈번하다. 그리고 대부분의 해저보다 2,000~4,000m 더 깊기 때문에 아주 깜깜하고, 차갑고, 수압이 엄청나게 크다.

해구는 왜 생기는가?

해양판이 대륙판과 충돌하면 해양판이 대륙판 아래로 들어간다. 이때 해구가 생기고, 육지에는 화산성 산맥이 솟고, 화산이 폭발하기도 한다. 두 개의 해양판이 충돌하면 다른 판 밑으로 들어간 판은 지구 안쪽(맨틀)으로 밑면 들어가 용해된다.

해양 지각과 대륙의 충돌

안데스 산맥은 약 8천만 년 전에 해양 지각인 칠레 해안을 따라 대륙과 충돌하면서 생겨났다. 그 충돌로 생긴 페루-칠레 해구는 가장 깊은 곳이 수심 7,635m이다.

두 해양판의 충돌

태평양에 있는 마리아나 해구는 두 개의 해양판이 충돌해서 생긴다. 이 충돌로 괌 섬을 포함한 호상 열도에 생겨났다.

해구가 있는 곳

해구는 대부분 태평양의 둘레, 즉 태평양이 해저를 이루고 있는 해양판과 다른 판들의 경계에 있다. 대서양에도 인도양에도 몇 개의 작은 해구가 있다.

마리아나 해구의 바이어스 해연과 챌린저 해연은 지구에서 가장 깊은 곳이다.

심해 해구에서 사는 생물들

심해 해구는 가장 깊은 수심의 생물 서식 환경이다. 수심 6,000m 이상의 심해에서 사는 해삼, 말미잘, 검정류, 다모환충(갯지렁이 등 환형동물), 몇 종류의 연체동물 등은 매우 차갑고 깜깜한 바닷물 속에서 엄청나게 큰 수압을 견뎌내고 있다.

심해 열수가 뿜어져 나오는 구멍 주위에서 사는 생물들. 접수 탐사정 앨빈 호에서 일부가 보인다가 미리어나 해구에서 찍은 것이다.

말미잘

해삼

다모환충

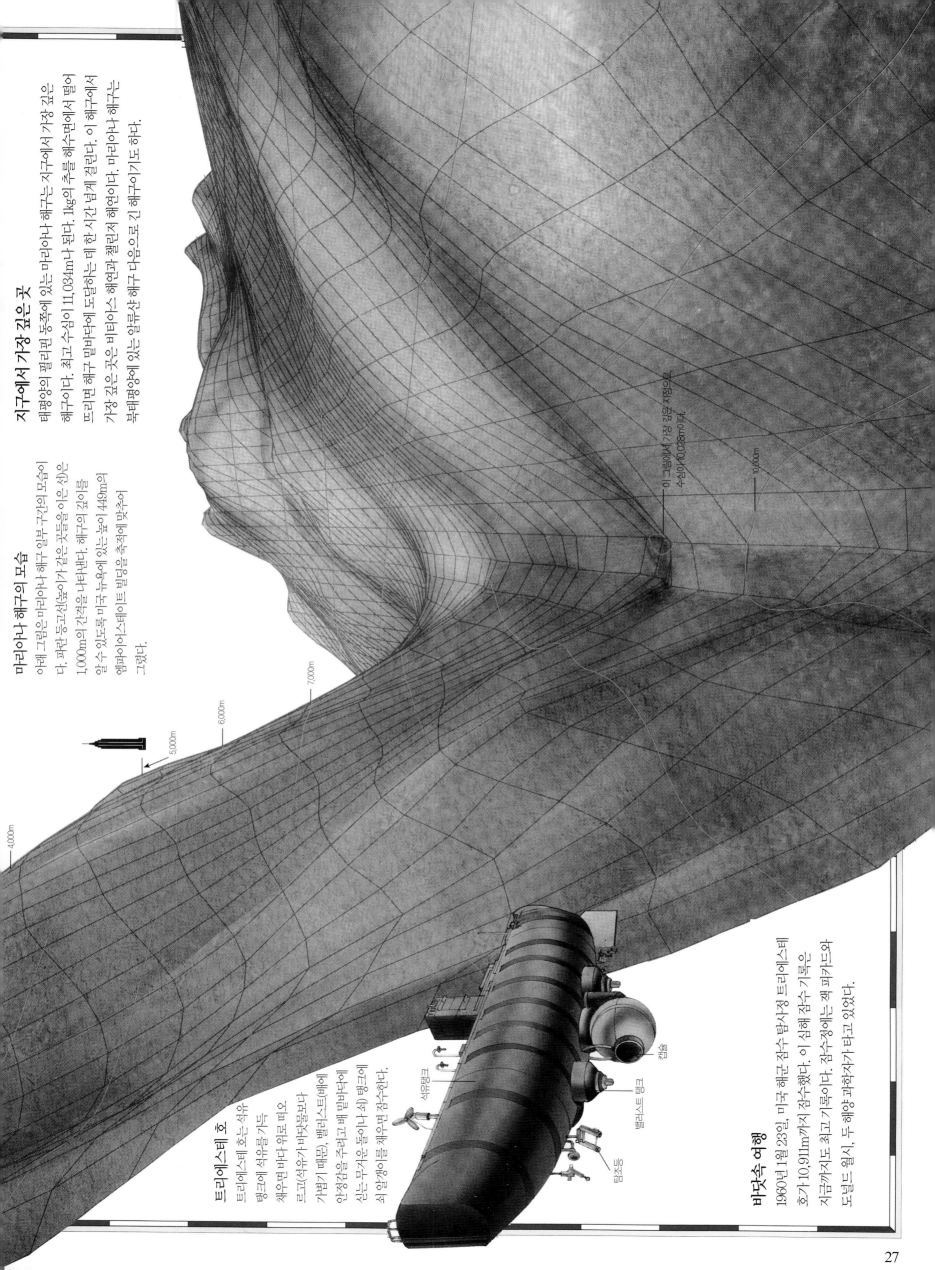

지구에서 가장 깊은 곳

태평양의 필리핀 동쪽에 있는 마리아나 해구는 지구에서 가장 깊은 해구이다. 최고 수심이 11,034m나 된다. 1kg의 추를 해수면에서 떨어 뜨리면 해구 밑바닥에 도달하는 데 한 시간 남게 걸린다. 이 해구에서 가장 깊은 곳은 비티아스 해연과 챌린저 해연이다. 마리아나 해구는 북태평양에 있는 알류샨 해구 다음으로 긴 해구이기도 하다.

마리아나 해구의 모습

아래 그림은 마리아나 해구 일부 구간의 모습이다. 파란 등고선(線)이 같은 곳들을 이은 선으로 1,000m의 간격을 나타낸다. 해구의 깊이를 알 수 있도록 미국 누욕에 있는 높이 449m의 엠파이어스테이트 빌딩을 축소에 맞추어 그렸다.

이 그림에서 가장 깊은 지점으로 수심이 10,028m이다.

트리에스테 호

트리에스테 호는 석유 탱크에 석유를 가득 채우면 바다 위로 떠오 르고(석유가 바닷물보다 가볍기 때문), 밸러스트(배에 안정감을 주려고 밑바닥에 싣는 무거운 돌이나 쇠) 탱크에 쇠알갱이를 채우면 잠수한다.

바닷속 여행

1960년 1월 23일, 미국 해군 잠수 탐사정 트리에스테 호가 10,911m까지 잠수했다. 이 심해 잠수 기록은 지금까지도 최고 기록이다. 잠수정에는 쟉 피카드와 도닝도 월시, 두 해양 과학자가 타고 있었다.

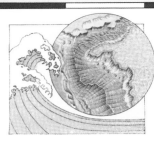

뜨겁고 검은 물
Black Smokers

1977년, 태평양의 심해 해저 화산에서 놀라운 현상이 관찰되었다. 해양 지각의 갈라진 틈에서 광물이 녹아 있는 열수가 분출되는가 하면, 그 분출구 주위에서 처음 보는 이상한 생물들이 살고 있었다. 수심 2,500m의 심해저는 캄캄하고 매우 차가운 것이 보통인데, 열수 분출구 주위의 바닷물은 300℃가 넘었다. 열수에는 황 성분도 녹아 있었다. 황화물은 대부분 생물들에게 독이 되는데, 열수 분출구 주위의 생물들은 이 물속의 황 성분을 이용하여 영양분을 만드는 박테리아의 도움으로 먹이그물을 이어 가고 있다.

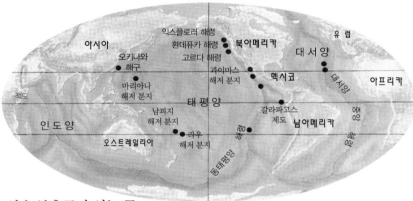

열수 분출구가 있는 곳
열수 분출구는 해양 지각이 새로 생기는 해령 근처에서 발견된다. 태평양은 갈라파고스 제도 주위와 멕시코 근처의 동태평양 해령 주위에 있다. 대서양 중앙 해령과 태평양 북서부에도 많다.

커다란 관서 동물
열수 분출구 주위에 사는 가장 놀라운 동물은 '리프티아'라는 커다란 관서 동물(튜브 같은 관 속에서 사는 동물)이다. 큰 무리를 지어 성장하는 이 동물은 입도 없고 소화 기관도 없어서 위쪽에서 가라앉는 부스러기 먹이를 섭취할 수 없다. 그래서 자신의 몸속에서 살고 있는 박테리아와 공존한다. 황 성분이 녹아 있는 바닷물에서 이 동물이 황화수소를 뽑아 박테리아에게 공급하면, 박테리아는 황화수소로 영양분을 합성하여 다시 이 동물에게 공급한다.

이 관서 동물은 3m 이상 자랄 수 있다.

잠수 탐사정에서 찍은 갈라파고스 제도의 열수 분출 수역 관서 동물. 왼쪽에 있는 것은 열수의 온도를 측정하는 기구이다.

이 동물의 끝부분은 관 밖으로 나와 있다.

하얀색의 게

이상한 굴뚝

열수가 뿜어져 나올 때 황과 그 밖의 광물이 분출구 주위에 가라앉는다. 이것들이 쌓이면 굴뚝 모양으로 높이가 10m에 이른다. 이렇게 쌓인 황의 산화 반응 때문에 열수가 검은색이 되어 뿜어져 나오는데, 이것을 '흑색 발연물(검은 연기를 뿜어내는 것)'이라고 한다. 이러한 화학적 합성(아래 그림 참조)의 발견으로 전세계 과학자들은 생물 교과서를 다시 써야 했다.

열수 분출구 발견

처음으로 열수 분출구가 발견된 곳은 갈라파고스 제도에서 북동쪽으로 320㎞ 떨어진 해저이다. 미국 매사추세츠 우드스 홀 해양 연구소의 잠수 탐사정 '앨빈 호'를 탄 세 해양 과학자에 의해 발견되었으며, 발견 지점은 수심 2,500m였다. 이후 갈라파고스 제도의 남서쪽에 있는 콜론 해령과 동태평양 해령에서 열수 분출구가 다수 발견되었고, 1985년에는 대서양 중앙 해령에서도 발견되었다.

태 평 양

열수구가 처음 발견된 곳 ✖

적도

갈라파고스 제도

에콰도르

먹이 합성의 화학

식물은 광합성으로 영양분을 만든다. 잎의 녹색 색소인 엽록소가 햇빛을 이용하여 간단히 영양분을 합성한다. 그러나 열수 분출구가 있는 심해저에는 햇빛이 닿지 않는다. 그래서 박테리아는 열수에 녹아 있는 황을 이용해 영양분을 합성한다. 이런 작용을 화학 합성이라고 한다.

광합성

화학 합성

해

열수

햇빛

황

엽록소

박테리아

식물

관서 동물

동물

등가시치

먹이그물

열수 분출구 주위에서는 박테리아가 관서 동물에게 영양분을 만들어 준다.(오른쪽 그림) 그리고 등가시치와 그 밖의 심해 생물은 관서 동물을 먹는다.

심해저에서 사는 갑각류

열수 분출구 주위에서 사는 갑각류에는 바다가재, 그리고 눈구멍은 있지만 눈알은 없는 게도 있다. 이 두 종류는 열수가 섞인 해류에서 먹이 부스러기를 찾아 먹는다.

거거조개

대합류와 홍합류

길이가 30㎝나 되는 거거조개와 홍합류도 열수 분출구 주위에서 산다. 이들도 관서 동물처럼 몸속의 박테리아와 공생한다.

별난 어류

열수 분출구 주위에는 어류가 거의 없다. 그런데 길이 25㎝ 정도의 등가시치라는 어류가 관서 동물 가까이에서 조개류를 찾는 것이 관찰되었다.

바다가재

해저의 민들레

열수 분출구 주위에서 관해파리류의 이상한 생물이 발견되었다. 민들레처럼 생긴 이 생물은 가느다란 실 같은 촉수로 바닥에 꼭 붙어 바닥에서 조금 떠 있다.

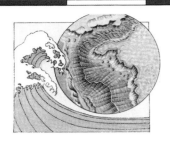

산호초 *Coral Reefs*

바닷속의 열대 화원이라고 불리는 산호초는 아름다운 빛깔의 열대어, 불가사리, 커다란 조개, 해삼류 등 갖가지 생물들로 가득 차 있다. 지구에 있는 어류의 3분의 1이 산호초 환경에 있다. 산호초는 폴립(산호충)이라는 작은 수생 동물에 의해 이루어지는데, 대부분의 폴립은 조류(해조류)와 공생하면서 성장한다. 때문에 폴립은 해조류가 광합성으로 영양분을 만들 수 있을 만큼 충분한 햇빛이 비치는 얕은 수심의 따뜻한 바다에서 번성할 수 있다. 산호는 성장 속도가 느리기 때문에 축구공만한 산호초로 성장하려면 20년 가까이 걸린다. 지구에 산호초가 나타난 것은 4억 5천만 년 전이다.

세계의 산호초
세계에는 약 600,000㎢에 이르는 면적의 산호초가 있다. 수온 18℃ 이상의 수심이 얕은 바다에서만 성장하는 산호초는 태평양, 인도양, 그리고 대서양 서부에서 발견된다.

산호 모래
산호초 환경에서 발견되는 하얀 모래는 조개와 산호의 마찰이나 산호초에서 서식하는 해조류에 의해 만들어진다.

해수면 높이의 변화
산호는 얕은 바다에서만 살 수 있기 때문에 해수면이 상승하여 수심이 깊어지면 죽는다.

산호초가 이어진 보초
보초는 해안에서 조금 떨어진 바다에 해안선과 평행하게 발달한 띠 모양의 산호초이다. 산호초의 육지 쪽에는 길고 좁은 초호(산호초로 둘러싸인 바다)가 생긴다.

산호는 무엇인가?
폴립의 딱딱한 바깥 골격으로 이루어진 산호는 약 200년 전까지만 해도 식물이라고 생각되었지만, 해파리와 같은 강장동물이다. 산호초를 이루는 딱딱한 산호들은 군체(같은 종류의 개체가 모여 공통의 몸을 이루는 것)를 이루어 살아간다. 그러나 연한 산호들은 딱딱한 바깥 골격이 없다.

살아 있는 돌
연한 내부를 보호하는 폴립의 딱딱한 껍데기는 대부분 바닷물에서 빨아들인 화학 성분(석회질)으로 이루어졌다. 폴립 내부에서 공생하고 있는 작은 단세포 해조류는 산호가 석회 성분 물질을 분비하도록 도와주고, 분비된 석회 성분 물질은 산호초들을 서로 결합시킨다. 산호초는 대부분 죽은 폴립의 껍데기로 이루어졌으며, 표면 쪽은 살아 있는 산호이다.

폴립은 입 주위에 있는 촉수를 편 뒤 먹이를 찔러 기절시키거나 죽인다.

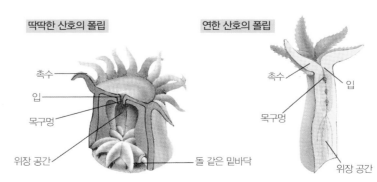

딱딱한 산호의 폴립
촉수
입
목구멍
위장 공간
돌 같은 밑바닥

연한 산호의 폴립
촉수
입
목구멍
위장 공간

산호초는 어떻게 이루어지는가?

1842년, 영국의 자연 과학자 찰스 다윈의 분류에 따르면, 산호초에는 거초, 보초, 환초가 있다. 거초는 암반 해안선을 따라 얕은 바다에 발달하고, 보초는 해안에서 떨어진 앞바다 쪽에 생긴다. 그래서 보초와 해안 사이에 초호가 있다. 환초는 화산섬의 경사면에 생기는데, 화산섬이 물속에 잠기면 원형의 산호초만이 남게 되어 반지 모양의 환초가 된다.(33쪽 참조)

산호초의 바다 쪽
산호초의 바다 쪽은 파도 때문에 산호초 덩어리가 떨어져 나가면서 여기저기 구멍이 생긴다. 이 구멍에서 많은 물고기들이 산다.

워리어 산호초
대
오스프리 산호초
케언스
보
월리스 무리
초
마리온 산호초
매카이
퀸
즐
랜
드
글래드스턴
사우마레즈 산호초
오스트레일리아

오스트레일리아의 대보초
오스트레일리아 북동부 퀸즐랜드 해안을 따라 뻗은 대보초는 세계에서 가장 큰 산호초이다. 210개의 산호초가 합쳐져 이루어졌으며, 넓이가 207,000㎢로, 아이슬란드의 두 배나 된다. 대보초는 약 1,800만 년 전부터 성장하기 시작했다. 그러나 오염과 관광에 의해 파괴되면서 1983년, 국립 해양 공원으로 지정해 보존하고 있다.

복합으로 이루어진 딩고 산호초는 대보초의 남쪽 중앙부에 있다.

환상적인 구조물
작은 나무 모양, 버섯 모양, 접시 모양, 새의 깃털 모양 등 산호는 아주 다양하고 아름다운 모습으로 성장한다. 층을 이루며 자라는데, 파도를 견디는 방법, 공간과 햇빛을 더 차지하기 위해 경쟁하는 방법 등에 따라 성장 모습이 제각각이다. 그러나 아름다운 산호의 빛깔은 표면적인 것일 뿐이다. 산호초의 표면을 이루는 살아 있는 폴립 부분은 빛깔이 화려하지만, 그 아래의 죽은 폴립 부분은 빛깔이 희다.

팔방산호류
옅은 오렌지색의 이 산호는 태평양과 대서양 깊은 곳에서 산다.

팔방산호
산호초의 바위턱 아래나 동굴천장 등에서 자라기도 하는 이 산호는 딱딱한 껍데기도, 탄력성 있는 각질의 골격도 없다.

석산호
딱딱한 가지가 있는 이 산호는 부러진 작은 조각에서 몇 차례고 다시 자랄 수 있다. 가지들은 햇빛이 비치는 쪽으로 자란다.

뇌산호
사람의 뇌 모양을 닮은 이 산호는 지름이 2m가 넘기도 한다. 폴립은 돌출 부분에서 자란다.

데이지산호
많은 산호들이 꽃처럼 아름답지만, 이 산호는 유독 빛깔이 화려하다.

산호의 성장과 가지 나눔

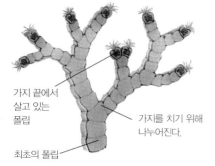

가지 끝에서 살고 있는 폴립

가지를 치기 위해 나누어진다.

최초의 폴립

덩어리 모양 산호의 성장

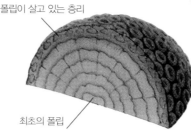

폴립이 살고 있는 층리

최초의 폴립

산호초의 생물
Marine Life of Reefs

산호초는 야생 생물로 가득 차 있다. 물고기들이 산호의 가지들 사이에서 날쌔게 돌아다니기도 하고, 작은 동물 속에 숨기도 한다. 곰치 같은 육식동물은 숨어 먹이가 가까이 오기를 기다린다. 이곳의 먹이그물 역시 다른 곳과 마찬가지로 해조류라는 작은 식물에서 시작된다. 바다의 여러 동물들이 바닷물에 떠 있는 해조류나 산호 내부에 있는 해조류를 먹는다. 어류와 불가사리는 산호를 뜯어 먹기도 한다. 그리고 이 어류와 불가사리는 꼬치와 상어 등에게 잡아먹힌다. 산호초는 균형이 잘 잡힌 바다 생물의 서식지이지만, 파괴되기 쉬운 곳이기도 하다. 오늘날 전세계의 산호초가 관광, 조개와 산호 수집, 석유를 비롯한 광물 지원 채굴, 해양오염 등에 의해 위협받고 있다.

산호초의 생물
햇빛이 잘 비쳐 바닷물이 따뜻한 산호초에 는 수천 종의 어류와 불가사리, 조개류, 갯민숭달팽이 등이 함께 살고 있다. 나비고기 같은 생물은 독특한 밝깔로 여러 생물 무리 가운데서 동료들을 찾아낸다.

쏨뱅이감펭
이 물고기의 바로 뒤는 생고 익은 이빠이다, 등지느러미 아래에 숨기 독으로 작은 독이 있어 죽일 수 있다.

바다거북
산란기가 되면 바다거북 암컷은 산호 섬이 바닷가로 올라가 모래 속에 알을 낳는다. 그리고 바다로 돌아간다. 얼마서 깬 새끼 거북은 바다를 통해 나아가는데, 많은 새끼거북이 도중에 개로 바닷새 등에게 잡아먹힌다.

산호초상어
이 상어는 해가 지면 산호초 주변에서 돌아다닌다면서 먹이를 찾는다. 뱀도나나 상처 같은 아픔의 움직임을 민감하게 느낄 수 있다.

군함조
이 새도 다른 새가 잡은 물고기를 빼앗아 먹는다. 짝짓기때가 되면 수컷은 목 아래의 빨간 주머니를 풍선처럼 부풀린다.

검은제비갈매기
이 바닷새는 해수면으로 날개를 평면이며 헤엄치면서 가끔 물 위로 뛰어 오르는 날치를 공중에서 잡아먹기도 한다.

쥐가오리
이 가오리는 커다란 날개를 평면이며 헤엄치며 가끔 물 위로 뛰어 오른다. 두 눈개를 편 길이가 6m나 되는 것도 있다.

사자갈기해파리
사자의 갈기 같은 얇은 감색의 길이가 많이 나 있다. 상대방을 쏘기도는 죽수는 길이가 10m에 이른다.

산호송어
산호들 사이에 잠복하여 솟던 듯한 모습을 하고 있다가 작은 물고기가 무리에서 떨어지면 잽싸게 달려들어 삼켜 버린다.

바다뱀
열대의 바다에는 50여 종의 바다뱀이 있는데, 모두 독이 있다. 바닷속에 작은 해서 꼬리가 헤엄을 잘 칠 수 있도록 납작해졌다.

창꼬치
상어에 버금갈 만큼 사나운 사냥꾼이다. 턱에 온통 면도날 같은 이가 나 있고, 몸이 유선형이고 힘이 세서 빨리 헤엄쳐 먹이를 잡아먹는다. 가끔 커다란 무리를 이루어 사냥한다.

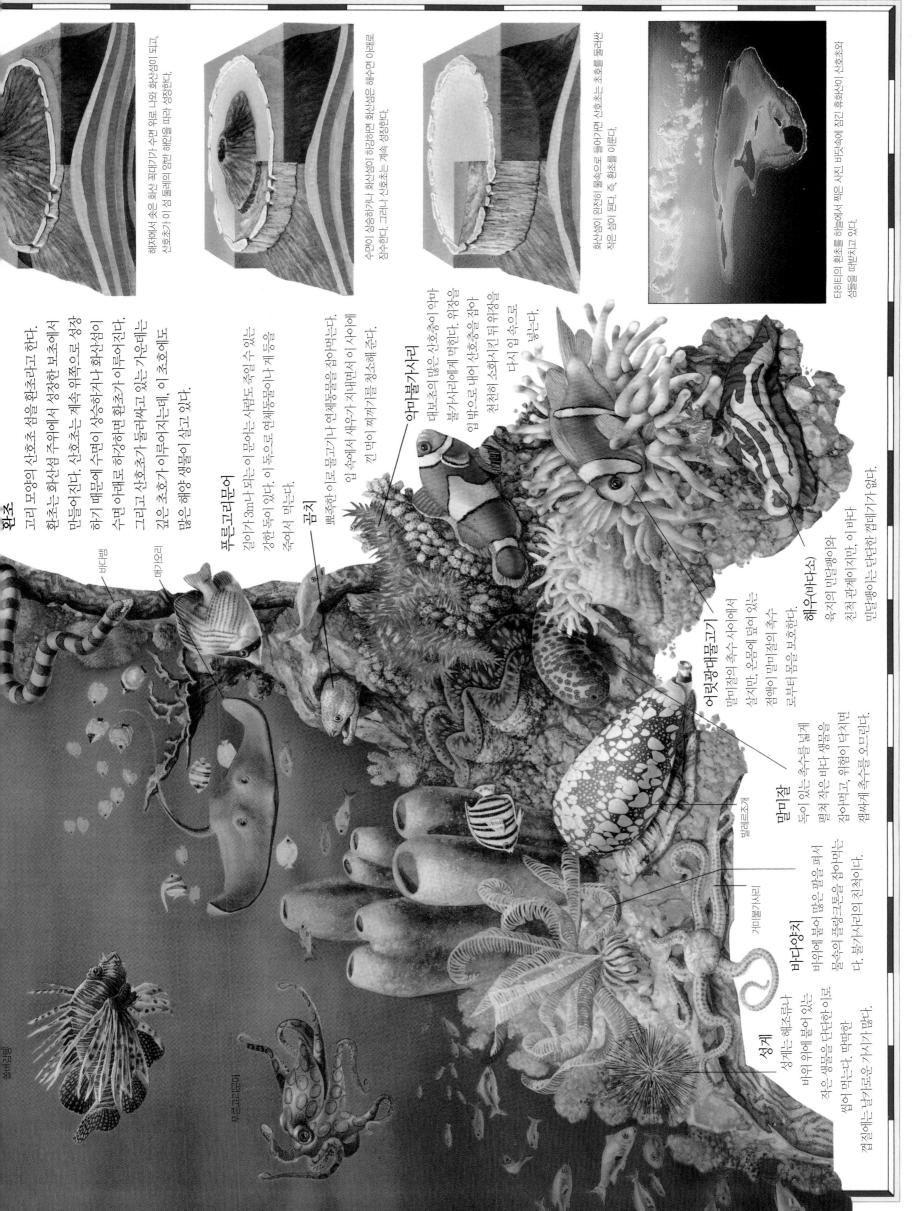

해저에서 솟은 화산 꼭대기가 수면 위로 나와 화산섬이 되고, 산호초가 이 섬 둘레에 얕은 해면을 따라 성장한다.

수면이 상승하거나 화산섬이 하강하면 화산섬은 해수면 아래로 잠수한다. 그래나 산호초는 계속 성장한다.

화산섬이 완전히 물속으로 들어가면 산호초는 초호를 둘러싼 작은 섬이 된다. 즉, 환초를 이룬다.

타히티의 환초를 하늘에서 찍은 사진. 바닷속에 잠긴 휴화산이 산호초와 섬들을 떠받치고 있다.

환초
고리 모양의 산호초 섬을 환초라고 한다. 환초는 화산섬 주위에서 성장한 보초에서 만들어진다. 산호초는 계속 위쪽으로 성장하기 때문에 수면이 상승하거나 화산섬이 수면 아래로 하강하면 환초가 이루어진다. 그리고 산호초가 둘러싸고 있는 가운데는 깊은 초호가 이루어지는데, 이 초호에도 많은 해양 생물이 살고 있다.

푸른고리문어
길이가 3m나 되는 이 문어는 사람도 죽일 수 있는 강한 독이 있다. 이 독으로 연체동물이나 게 등을 죽여서 먹는다.

꼼치
빨죽한 이로 물고기나 연체동물을 잡아먹는다. 이 물고기나 새우가 지내면서 이 사이에 낀 먹이 찌꺼기를 청소해 준다.

아마불가사리
대표종의 많은 산호충이 아마불가사리에게 먹힌다. 위장을 입 밖으로 내어 산호충을 잡아 천천히 소화시킨 뒤 위장을 다시 입 속으로 넣는다.

어릿광대물고기
말미잘의 촉수 사이에서 살지만, 오줌에 쏘이지 않는다. 적에게 말미잘의 촉수로부터 몸을 보호한다.

해우(바다소)
유순한 민물뱅이와 친척 관계이지만, 이 바다 민물뱅이는 단단한 껍데기가 없다.

말미잘
독이 있는 촉수를 넓게 펼쳐 작은 바다 생물을 잡아먹고, 위험이 닥치면 재빨리 촉수를 오므린다.

바다양치
바위에 붙어 많은 팔을 펴서 물속의 플랑크톤을 잡아먹는다. 붉가사리의 친척이다.

성게
성게는 해조류나 바위 위에 붙어 있는 작은 생물을 단단한 이로 섞어 먹는다. 딱딱한 껍질에는 날카로운 가시가 많다.

바다뱀

메가리

푸른고리문어

발레르조개

가미물가사리

인도양 *The Indian Ocean*

세계 해양 면적의 5분의 1을 차지하는 인도양은 세계에서 셋째로 큰 대양이다. 넓이 73,426,000km², 평균 수심 3,890m, 가장 깊은 곳은 7,450m의 자바 해구이다. 약 1억 4천만 년 전, 아프리카 대륙으로부터 남극 대륙과 인도가 분리되면서 탄생한 인도양에는 세계에서 가장 높은 바다 바닥(중해)와 가장 따뜻한 바다(페르시아 만)가 있다. 인도양의 가장 큰 특징은 해류의 방향이다. 다른 대양의 해류 방향은 일 년 내내 같지만, 인도양 적도 이북의 해류는 일 년에 두 번 흐르는 방향이 바뀐다. 겨울에는 계절풍에 의해 동쪽에서 서쪽인 아프리카 방향으로, 여름에는 반대로 서쪽에서 동쪽인 인도 방향으로 흐른다.

홍해

인도양에 속해 있는 홍해는 아프리카와 아라비아 사이에 있는 좁고 긴 바다이다. 길이가 1,900km, 가장 넓은 곳의 폭이 약 300km이다. 이 폭은 지금도 넓어지고 있다. 홍해의 해저에는 지난 2,500만 년 동안 해저를 확장하는 온 해양이 있어 아프리카와 아라비아를 반대 방향으로 계속 밀기 때문이다. 수백만 년이 지나면 홍해는 오늘날의 대서양처럼 넓어질 것이다.

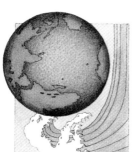

실러캔스 이야기

약 6천만 년 전에 멸종되었다고 믿었던 실러캔스가 1938년, 인도양에서 남아프리카의 한 어부의 손에 잡혀 과학자들을 놀라게 했다. 사실 규모로 섬에서는 이 물고기가 잘 알려져 있었다. 섬사람들은 이 물고기의 거친 비늘을 사포(샌드페이퍼)로 사용했다. 청회색의 면 이 커다란 물고기는 깊은 수심의 해저에서 대부분의 시간을 보낸다. 대부분의 어류가 알을 낳는 것과는 달리 실러캔스는 새끼를 낳는다.

길이가 약 2m,
몸무게가
57kg에 이른다.

갠지스 삼각주와 인더스 삼각주

인도양으로 흘러드는 갠지스 강과 인더스 강의 물은 엄청나게 많은 흙과 모래 등을 육지에서 바다로 운반한다. 운반된 물질들은 오랫동안 바다 밑에 쌓여 퇴적되어 커다란 해저 삼각주를 이루었다. 갠지스 삼각주는 지구에서 가장 큰 퇴적체로, 물이 2,000km에 이른다.

자바 해구

인도양에서 유일하게 큰 해구는 오스트레일리아 판이 유라시아 판 밑으로 섬입되어 생긴 자바 해구이다.

크라카타우 섬

1883년, 자바 해구 근처의 해저에서 발생한 화산 폭발로 크라카타우 섬이 섬의 3분의 2가 사라져 버렸다. 거대한 해일이 자바와 수마트라의 여러 섬을 덮쳐 수천 명이 목숨을 잃었다.

(지도 레이블)

인 도 네 시 아

자바 섬
자바 해구
크라카타우 섬
인베스티게이터 해령

벵골 만

브라마푸트라 강

갠지스 강

갠지스 삼각주

인더스 강

인 도

인도양 중앙 해저 분지

인더스 삼각주

아라비아 해

아라비아 반도

홍해

아 프 리 카

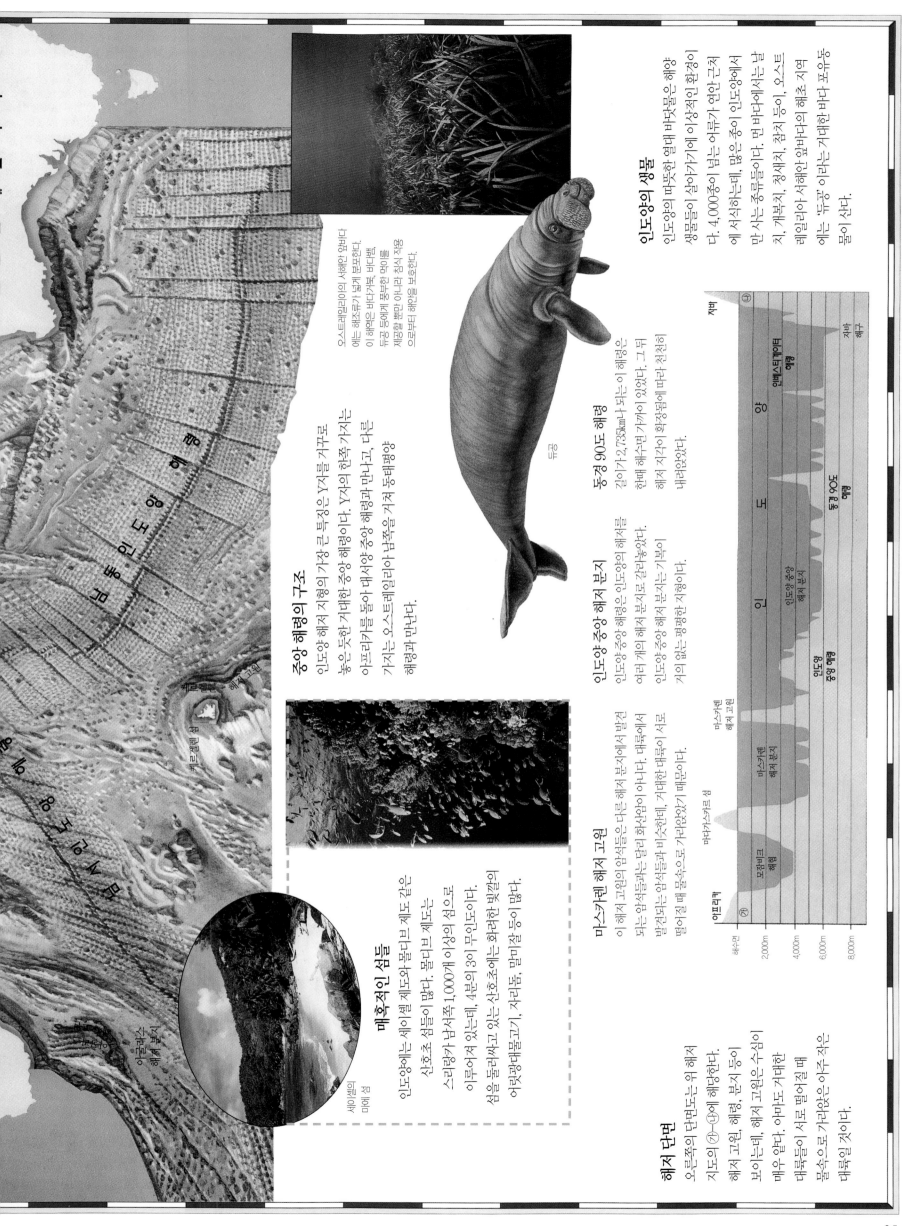

카를스베르 해령
해저 고원
세이셸 섬
마헤 섬

중앙 해령의 구조

인도양 해저 지형의 가장 큰 특징은 Y자를 거꾸로 놓은 듯한 거대한 중앙 인도양 해령이다. Y자의 한쪽 가지는 아프리카를 돌아 대서양 중앙 해령과 만나고, 다른 가지는 오스트레일리아 남쪽을 거쳐 동태평양 해령과 만난다.

오스트레일리아 서해안 앞바다에는 해초류가 넓게 분포한다. 이 해역은 바다거북, 바다뱀, 듀공 등에게 풍부한 먹이를 제공할 뿐만 아니라 천적 짐승으로부터 해엄을 보호한다.

듀공

매혹적인 섬들

인도양에는 세이셸 제도와 몰디브 제도 같은 산호초 섬들이 많다. 몰디브 제도는 스리랑카 남서쪽 1,000개 이상의 섬으로 이루어져 있는데, 4분의 3이 무인도이다. 섬을 둘러싸고 있는 산호초에는 화려한 빛깔의 아열대 물고기, 자리돔, 말미잘 등이 많다.

해저 단면

오른쪽의 단면도는 위 해저 지도의 ㉮~㉯에 해당한다. 해저 고원, 해령, 분지 등이 보이는데, 해저 고원의 수심이 매우 얕다. 이와도 거대한 대륙들이 서로 멀어질 때 물속으로 가라앉은 아주 작은 대륙일 것이다.

마스카렌 해저 고원

이 해저 고원의 암석들은 다른 해저 분지에서 발견되는 암석들과는 달리 화산암이 아니다. 대륙에서 발견되는 암석과 비슷한데, 거대한 대륙이 서로 멀어질 때 물속으로 가라앉았기 때문이다.

인도양 중앙 해저 분지

인도양 중앙 해령은 인도양의 해저를 여러 개의 해저 분지로 갈라놓았다. 인도양 중앙 해저 분지는 기복이 거의 없는 평평한 지형이다.

동경 90도 해령

길이가 2,735km나 되는 이 해령은 한때 해수면 가까이 있었다. 그 뒤 해저 지각이 확장됨에 따라 천천히 내려앉았다.

인도양의 생물

인도양의 따뜻한 열대 바닷물은 해양 생물들이 살아가기에 이상적인 환경이다. 4,000종이 넘는 어류가 연안 근처에 서식하는데, 많은 종이 인도양에서 만나는 종류들이다. 먼 바다에서도 나는 지, 개복치, 청새치, 참치 등이, 오스트레일리아 서해안 앞바다의 해초 지역에는 듀공 이라는 거대한 바다 포유동물이 산다.

해수면
2,000m
4,000m
6,000m
8,000m

㉮ 아프리카
모잠비크 해협
마다가스카르 섬
마스카렌 해저 고원
마스카렌 해령
인도양 중앙 해저 분지
인 도 양
동경 90도
인베스티게이터 해령
해령
자바 해구
㉯

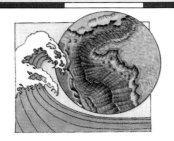

대양 중앙 해령
Mid-Ocean Ridges

지구에서 가장 긴 산맥들이 전세계 대양의 해저를 통과, 휘어지고 가지를 치며 펼쳐져 있다. 이렇게 서로 연결된 중앙 해령들은 전체 길이가 6,500km에 이른다. 해령은 해저 지각 하부로부터 분출된 마그마가 식으면서 굳은 용암에 의해 이루어졌다. 대양의 중앙 해령에서 해저 확장이 일어나면 새로운 해양 지각이 이루어진다. 가장 긴 해령은 대서양 중앙 해령이다. 이 해령은 남북으로 뻗어 대서양 전체를 동서로 나눈다.

대양 중앙 해령이 있는 곳
아래 지도는 대양 중앙 해령과 이를 둘러싼 균열대의 분포를 보여준다.

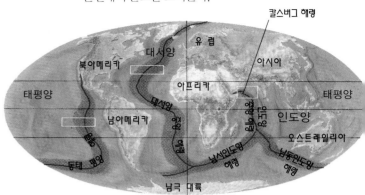

칼스버그 해령
인도양 해저의 중앙 해령은 Y자를 거꾸로 놓은 모양이다. Y자의 한쪽 가지는 아프리카 남부를 지나 대서양 중앙 해령에 이어지고, 다른 가지는 오스트레일리아 주위에 분포한다. 인도양 북부에 있는 칼스버그 해령은 서쪽으로 구부러져 홍해와 만난다.

해령은 길이가 500~5,000km에 이른다. 모든 해령을 합치면 지구 표면적의 20%를 차지한다.

대양 중앙 해령에는 수백만 개의 용암이 쌓여 있다.

베개 모양의 용암
해저 지각에서 흔히 발견되는 암석은 현무암이라는 화성암이다. 해령과 해중산을 구성하며, 심해 평원 퇴적층 하부의 기반암이다. 마그마가 해저 지각을 뚫고 심해저에 분출되면 급히 식어 베개 모양의 현무암 덩어리가 된다.

해양 지각의 나이
가장 오래 된 해양 지각이라도 2억 년을 넘지 않는다. 해양 지각의 나이는 해령을 중심으로 양쪽으로 멀어질수록 많다.

해저 확장

대양의 중앙 해령에서 뜨거운 마그마가 두 판의 경계를 따라 분출된다. 마그마가 식어 굳어지면 새로운 해양 지각이 되고, 새로운 지각은 오래 된 지각을 해령 양쪽 옆으로 밀어내 해저 확장이 이루어진다. 수백만 년 이상 이러한 과정이 반복되어 중앙 해령의 산맥을 이루었다. 해저 확장과 반대로 섭입 지대에서는 일정한 비율로 지각이 소멸되고 있다.

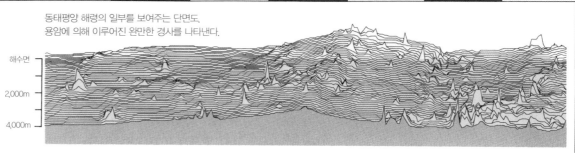

동태평양 해령의 일부를 보여주는 단면도. 용암에 의해 이루어진 완만한 경사를 나타낸다.

해수면
2,000m
4,000m

확장 속도가 빠른 해령

해령의 양쪽은 보통 같은 속도로 확장되지만, 어떤 경우에는 한쪽이 다른 쪽보다 훨씬 빠르게 확장된다. 동태평양 해령은 1년에 12~16cm의 속도로 확장된다. 그러나 태평양 전체는 점점 좁아지고 있다. 새로운 해양 지각이 형성되는 것보다 훨씬 빠른 속도로 섭입 작용이 이루어지기 때문이다.

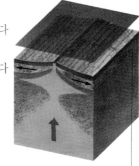

빠르게 확장되는 해령은 산이 낮다. 그리고 확장 속도가 느린 해령에 비해 지각의 두께가 얇다.

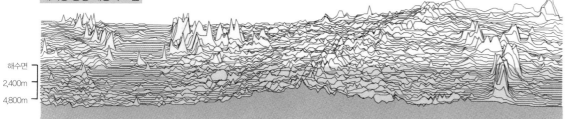

대서양 중앙 해령의 모습

해수면
2,400m
4,800m

확장 속도가 느린 해령

칼스버그 해령이나 대서양 중앙 해령은 동태평양 해령보다 확장 속도가 느리다. 1년에 2cm쯤 확장된다. 그 결과 콜럼버스가 항해했던 1492년과 비교해 지금 대서양의 폭은 20m쯤 넓어졌다. 대서양 중앙 해령의 중심부에는 경사가 급한 열곡이 있다.

확장 속도가 느린 해령은 빠른 해령에 비해 경사가 급하고 지형이 들쭉날쭉하다. 그리고 지각이 더 두껍다.

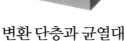

변환 단층
균열대
판(가)
해령
판(나)
판(다)
해령
판(라)

변환 단층과 균열대

대양 중앙 해령이 확장될 때 판과 판이 충돌하는데, 정면으로 충돌하는 경우도 있지만, 비스듬하게 비끼기도 한다. 이 충돌은 해양 지각에 변환 단층과 균열대를 만든다. 두 판이 서로 반대 방향으로 이동하여 생성되는 변환 단층은 항상 해령의 축과 직각으로 발달한다. 균열대는 오랫동안 활동하지 않은 변환 단층의 흔적이다.

해령에는 퇴적물이 많지 않지만, 주위 지역은 두꺼운 퇴적물층에 덮여 있다.

열곡

열곡

해령의 지하에서 마그마의 열이 위쪽의 지각을 녹이면, 녹은 암석은 위로 솟구치고, 중심부에는 열곡이라는 깊은 골짜기가 생긴다. 열곡은 중앙 해령 중심부에서 활발한 해저 확장의 축을 이룬다.

산안드레아스 단층

미국 캘리포니아 주에 있는 산안드레아스 단층은 대표적인 변환 단층이다. 해령과 직각이며, 태평양 판과 북아메리카 판이 스치는 경계부이다. 판의 이동은 지진을 발생시킨다. 1906년과 1989년, 샌프란시스코는 엄청난 지진으로 수많은 피해를 입었다.

직사각형 부분이 산안드레아스 단층의 위치이다.

북아메리카

북아메리카 판

태평양 판

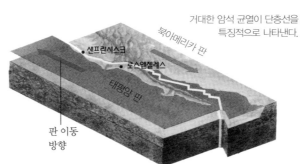

거대한 암석 균열이 단층선을 특징적으로 나타낸다.

북아메리카 판
샌프란시스코
로스앤젤레스
태평양 판

판 이동 방향

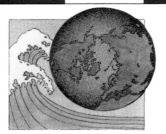

북극해 *The Arctic Ocean*

북극해는 세계의 대양 중에서 가장 작고, 수심도 매우 얕다. 넓이는 약 14,089,600㎢, 평균 수심은 1,300m 이다. 가장 깊은 곳은 북극점에 가까운 수심 5,450m의 심해 평원이다. 유럽, 아시아, 그린란드, 북아메리카, 그리고 여러 섬에 둘러싸여 있는 북극해는 일 년 내내, 특히 겨울에는 두꺼운 얼음에 덮여 있다. 그래서 북극점은 육지에 있지 않고 바다에 떠 있는 얼음에 있다. 혹독한 기후에도 불구하고 그린란드의 이누잇 족 같은 사람들은 여러 세기 동안 북극해 주변부에서 살아 왔다.

대륙붕
북극해의 약 3분의 1이 대륙붕이다. 그린란드 해안과 북아메리카 근처 바다의 대륙붕 폭은 80~200km지만 아시아 북부에서는 1,600km나 된다.

북극해 중앙 해령
대서양 중앙 해령의 북쪽 끝에 있는 북극해 중앙 해령은 북극점 심해 평원의 아시아 쪽 바다에서 가장 깊은 곳이다. 이 지역에서는 지금도 해저 확장이 활발히 일어나고 있다.

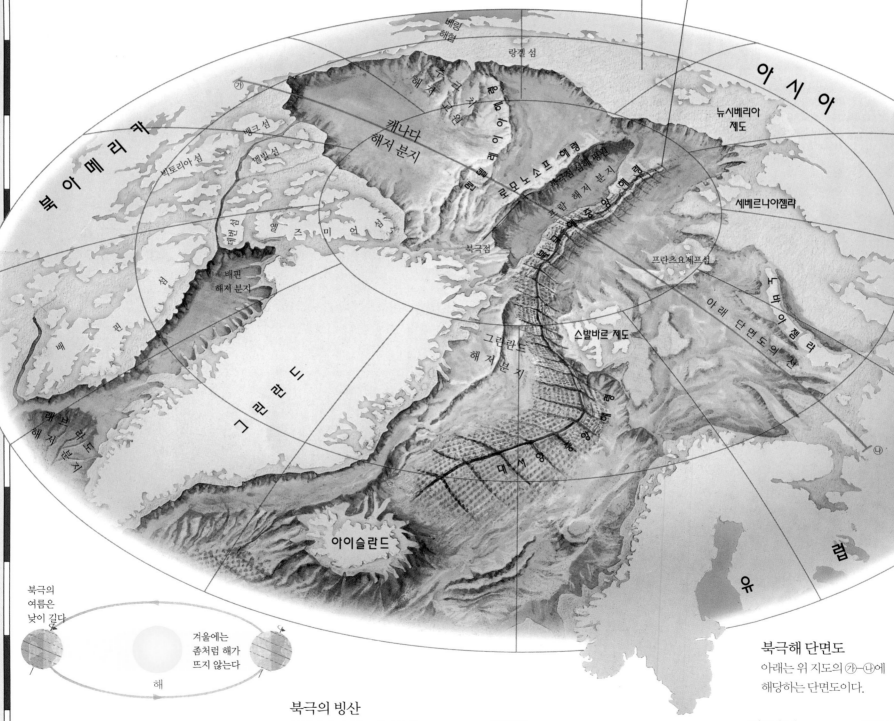

북극의 추위
북극에서는 태양열이 적도 지역보다 훨씬 넓은 면적에 분산되기 때문에 매우 춥다. 태양으로부터 가장 멀어지는 겨울이 되면 몇 달 동안 햇빛이 비치지 않는다. 일부 지역은 1, 2월 내내 캄캄하다.

북극의 빙산
북극해에 떠 있는 빙산들 중 90%가 그린란드 해안의 빙하에서 떨어져 나온 것이다. 그린란드 일부 지역은 두께가 3km나 되는 얼음에 덮여 있다.

북극해 단면도
아래는 위 지도의 ㉮-㉯에 해당하는 단면도이다.

북극의 여름은 낮이 길다

겨울에는 좀처럼 해가 뜨지 않는다

해

얼어붙은 바다

바닷물이 얼어서 만들어진 해빙(바다 얼음)이 북극해를 덮고 있다. 해빙에는 극빙, 유빙, 정착빙이 있다. 북극해는 대부분 두께 50m 정도의 극빙에 덮여 있는데, 여름에는 2m쯤 녹는다. 북극해 가장자리에서 생기는 유빙은 두께가 2m 정도이다. 유빙이 가장 넓게 퍼져 있을 때는 11,700,000㎢의 바다를 덮는다. 겨울에는 해안과 유빙 사이에 정착빙이 생긴다.

난센은 얼음에 부딪쳐도 부서지지 않는 프람 호를 설계했다.

북극 탐험

1893년, 노르웨이의 과학자 프리초프 난센은 탐사대를 이끌고 북극을 탐사했다. 탐사선 프람 호는 노보시비르스크 제도 근처에서 3년간 1,600km나 바다에서 얼음에 갇혀 꼼짝못하고 떠다니다가 풀려났다. 의도된 결과였다. 1958년에는 핵 잠수함 노틸러스 호가 북극해의 얼음 아래를 통과하여 북극에는 대륙이 없다는 사실을 증명했다.

위 지도는 북극해에 얼음이 가장 넓게 얼었을 때의 모습이다. 여름이 되면 반쯤 녹는다.

극빙은 대개 평평하며, 가장자리가 올라와 있다. 여름에는 물이 얼음 가장자리 아래쪽부터 녹인다. 그래서 가장자리가 톱니처럼 되고, 깊은 틈이 생긴다.

유빙은 끊임없는 물의 운동에 의해 부서진다.

북극해의 생물

북극해의 중앙부에는 생물이 별로 없지만, 주변 해역에는 여름에 바닷속이나 얼음 아래에서 해조류가 많이 번식하여 북극대구 같은 어류의 먹이가 된다. 어류들은 바닷새, 바다표범, 고래 등의 먹이가 된다. 흰긴수염고래는 먹이를 먹고 번식하려고 여름에 북극해를 찾는다.

북극제비갈매기의 이동 경로

북아메리카 / 유럽 / 아시아 / 대서양 / 아프리카 / 태평양 / 남아메리카 / 인도양 / 오스트레일리아 / 남극대륙

북극제비갈매기

이 새는 북극에서 짧은 여름 동안 번식한 뒤 겨울이 오면 남극에서 여름을 보내기 위해 남극까지 이동한다. 남극에 겨울이 오면 다시 북극까지 이동한다. 1년에 왕복 40,000km나 여행하는 셈이다.

북극곰

먹이를 찾으려고 얼음과 눈 위를 어슬렁거리는 북극곰은 방랑자 같은 일생을 보낸다. 현재 사냥과 환경오염으로 멸종 위기에 처해 있다.

바다코끼리

바다코끼리는 번식기에 북극해 연안에서 큰 무리를 이룬다. 몸집이 커다란 수컷은 뻣뻣한 수염과 길이 1m의 엄니가 있다. 엄니는 적으로부터 자신을 방어하거나 뭍으로 올라갈 때 몸을 들어 올리는 데 사용한다. 두꺼운 피하 지방이 있어 추운 곳에서도 체온을 유지할 수 있다.

수컷의 길이는 뿔을 빼고도 6m나 된다.

흰돌고래는 유빙 아래에서도 헤엄칠 수 있다. 얼음에 갇히면 머리로 받아 얼음을 깨뜨리고 빠져 나온다.

일각돌고래

수컷은 긴 나선형 뿔(윗입술에 있는 구멍으로 튀어나온 이)이 있는데, 2.7m까지 자란다. 숨을 쉬려고 물 위로 떠오르면 뿔을 주위의 얼음에 걸쳐 놓고 쉰다.

흰돌고래

작은 무리를 지어 물고기 사냥을 하는 흰돌고래는 다양한 소리를 낼 수 있어 '바다 앵무새'라는 별명이 붙었다. 다른 고래들과는 달리 목을 돌려서 주위를 살필 수 있다.

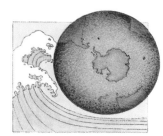

남극 대륙
The Antarctic

거대한 빙모(돔 모양으로 뒤덮은 영구 빙설)로 덮여 있는 남극 대륙은 몹시 차가운 남극해에 둘러싸여 있다. 넓이가 35,000,00㎢나 되는 남극해는 세계에서 다섯째로 큰 바다이다. 겨울에는 남극해의 반 이상이 얼음에 덮여 있으며, 한여름에도 남극 대륙 주변 바다는 꽁꽁 얼어 있다. 북극과는 달리 남극은 대륙인데, 지구에서 가장 춥고 바람도 많이 분다. 바닷가의 겨울 평균 기온이 영하 30℃이다. 여름인 12월~3월에만 기온이 영상으로 올라간다. 바람은 시속 300㎞를 넘는다.

얼음 밑의 땅

지도에 나타난 남극 대륙의 바깥 선은 대륙을 덮고 있는 얼음의 가장자리이다. 아래 그림은 얼음을 없앴을 경우 남극 대륙의 모습이다. 남극 횡단 산맥의 봉우리들은 얼음 위로 솟아 있지만, 얼음의 엄청난 무게가 육지를 해수면 아래로 침강시킨다.

이 지도는 남극 대륙을 둘러싼 유빙의 분포가 계절에 따라 변하는 모습을 보여준다.

많은 지역에서 얼음 가장자리가 해안선을 이룬다.

새로 생긴 해빙은 평평하고 둥글다. 지름이 3m나 된다.

얼음 돔

남극 대륙 대부분 지역을 덮고 있는 얼음의 넓이는 미국 면적의 1.5배, 두께는 3,000m가 넘는다. 수만 년 동안 쌓인 이 얼음은 지구 전체 얼음의 90%를 차지한다. 이 얼음의 무게가 없었다면 남극 대륙은 아마 200~300m쯤 융기했을 것이다.

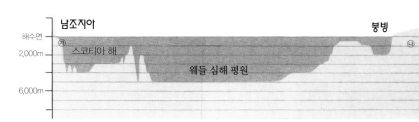

남극의 생물

남극해에 많은 생물이 서식할 수 있는 이유는 봄에 얼음 바다에서 번성하는 엄청난 식물성 플랑크톤 때문이다. 이 플랑크톤은 크릴, 물고기, 바다표범, 고래, 펭귄과 연결되는 먹이그물의 출발점이다. 남극에 사는 생물들은 모두 추위에 잘 적응되어 있다. 플런더피시, 아이스피시 등 많은 남극의 어류들은 피가 얼지 않게 하는 성분이 핏속에 들어 있다.

아이스피시

마블플런더피시

남극해 단면도

그림은 오른쪽 큰 지도의 ㉮─㉯에 해당하는 단면도이다.

크릴

새우처럼 생긴 크릴은 크기가 4cm쯤 된다. 고래, 바다표범, 오징어, 펭귄, 물고기 등 많은 생물의 중요한 먹이이다. 여름에는 널따란 붉은 천을 펼쳐 놓은 것처럼 바다에 큰 무리를 이룬다.

물을 빨아들여 크릴을 거르고 물을 내보낸다.

흰긴수염고래

무게가 130톤이나 되는 이 고래는 살아 있는 가장 큰 동물이다. 여름이면 하루에 4톤의 크릴을 먹는데, 물을 빨아들여 입 가장자리에 있는 수염으로 걸러 먹는다. 혹등고래, 향유고래, 범고래 등도 남극해에서 산다.

남샌드위치 제도는 화산으로 이루어졌다. 몇몇 화산은 지금도 활동하고 있다.

해저 분지
남극 대륙 주위의 대륙붕 끝에 깊은 해저 분지와 이어져 있고, 각각 인접한 세 대양과도 이어져 있다.

대서양 중앙 해령

남서인도양 해령

남조지아

㉮

남샌드위치 해구

남샌드위치 제도

아메리카남극 해령

콘래드 해저 분지

웨들 심해 평원

엔더비 심해 평원

벨링스하우젠의 서

케르켈렌 해저 고원

남극 반도

론네 붕빙

㉯

두꺼운 대륙 빙하의 바다에 떠 있는 붕빙은 빙모 끝에 만들어진다. 거대한 로스 붕빙은 프랑스의 약 두 배나 된다.

동남극 횡단 산맥

로스 붕빙

태평양·남극 해령

남극 대륙의 대륙붕은 다른 대륙의 대륙붕들보다 폭이 좁고 깊다. 빙모의 거대한 무게 때문일 것이다.

게잡이바다표범

아델리펭귄은 유빙 주변부에서 큰 무리를 이루어 산다.

펭귄
펭귄은 하늘을 날 수 없지만, 물속에서 자유롭게 헤엄칠 수 있다. 두꺼운 깃털과 피하 지방층이 있어 체온을 유지 시킨다. 펭귄들 중에서 가장 크고 무겁고 힘이 센 황제펭귄은 한겨울에 얼음 위에서 번식한다.

황제펭귄

아프리카

남아메리카

남극 순환 해류

남극

동풍 표류

오스트레일리아

남극의 해류
동풍 때문에 생기는 해류인 동풍 표류는 남극 주위를 시계 반대 방향으로 흐른다. 그 북쪽에서 시계 방향으로 흐르는 남극 순환 해류는 북아메리카의 5대호를 단 이틀 만에 채울 수 있을 만큼 많은 물을 운반한다. 이 해류는 남극의 바닷물을 남대서양, 태평양, 인도양의 깊은 해저 분지로 이동, 순환시킨다.

바다표범
남극 대륙에는 다양한 바다표범들이 산다. 웨들바다표범은 가장 남쪽에서, 세계에서 가장 흔한 게잡이바다표범은 남극 대륙 해안과 그 주변에서 살고 있다. 이들은 특별히 적응된 이로 물에서 거른 크릴만 먹는다.

아델리펭귄

킹펭귄

41

바람과 파도
Winds and Waves

움직이는 공기인 바람은 기온과 기압의 차이에 의해 생긴다. 태양열이 바람을 일으키고, 그 바람이 해수면에 영향을 준다. 바다에 물결을 일으키고, 파도를 일으키는 것도 바람이다. 아래 그림은 바람의 일반적인 모습이다. 옛날, 바람은 선원들의 항해에 큰 영향을 미쳤다. 바람이 거의 불지 않는 적도 근처 해역에서는 돛배가 몇 주일 동안 거의 움직이지 못했다. 선원들이 가장 좋아한 바람은 적도 양쪽에서 부는 무역풍이었다. 항상 일정한 방향으로 강하게 불기 때문이다.

세계의 바람

적도는 뜨거운 햇볕에 의해 가벼워진 공기가 상승하여 저기압 지역이 되고, 극 지역은 차가워져서 무거워진 공기가 하강하여 고기압 지역이 된다. 공기는 고기압 지역에서 저기압 지역으로 흐르는데, 이 흐름이 곧 바람이다. 그런데 바람은 '셀' (세포 모양의 대류)이라는 거대한 대류의 동그라미를 이루어 움직인다. 적도 양쪽에는 각각 세 개의 셀이 있다.

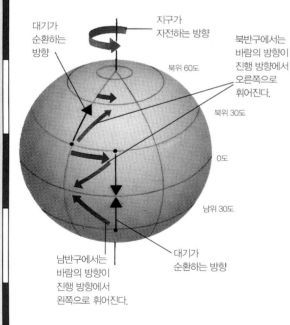

대기가 순환하는 방향

지구가 자전하는 방향

북반구에서는 바람의 방향이 진행 방향에서 오른쪽으로 휘어진다.

북위 60도

북위 30도

0도

남위 30도

남반구에서는 바람의 방향이 진행 방향에서 왼쪽으로 휘어진다.

대기가 순환하는 방향

코리올리의 힘(전향력)

바람, 해류의 방향은 지구 자전의 영향을 받아 변한다. '코리올리의 힘' 이라고 하는 힘에 의해 북반구에서는 진행 방향에서 오른쪽으로 휘어지고, 남반구에서는 왼쪽으로 휘어진다. '코리올리' 는 이 힘을 발견한 프랑스의 수학자(1792~1843)이다.

열의 균형

햇볕을 바로 위에서 가장 많이 받는 적도 부근이 지구에서 가장 덥고, 햇볕을 가장 비스듬히 받아 약하게 데워지는 극 지역이 가장 춥다. 만약 열을 균형 있게 조정하는 작용이 없다면 적도 지역은 점점 더 더워지고, 극 지역은 점점 더 추워져 살아남는 것이 아무것도 없을 것이다. 하지만 바람과 해류가 열을 운반하여 지구 전체의 열을 균형 잡아준다.

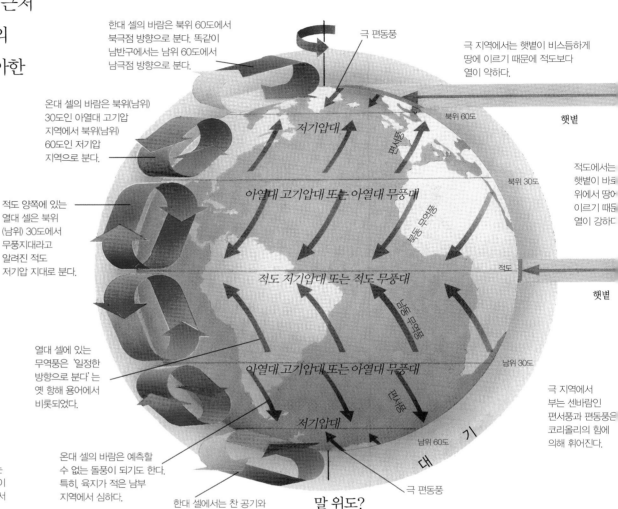

한대 셀의 바람은 북위 60도에서 북극점 방향으로 분다. 똑같이 남반구에서는 남위 60도에서 남극점 방향으로 분다.

극 편동풍

극 지역에서는 햇볕이 비스듬하게 땅에 이르기 때문에 적도보다 열이 약하다.

온대 셀의 바람은 북위(남위) 30도인 아열대 고기압 지역에서 북위(남위) 60도인 저기압 지역으로 분다.

저기압대

편서풍

북위 60도

햇볕

적도 양쪽에 있는 열대 셀은 북위(남위) 30도에서 무풍지대라고 알려진 적도 저기압 지대로 분다.

아열대 고기압대 또는 아열대 무풍대

북위 30도

적도에서는 햇볕이 바로 위에서 땅에 이르기 때문에 열이 강하다

북동 무역풍

적도 저기압대 또는 적도 무풍대

적도

햇볕

열대 셀에 있는 무역풍은 '일정한 방향으로 분다' 는 옛 항해 용어에서 비롯되었다.

남동 무역풍

아열대 고기압대 또는 아열대 무풍대

남위 30도

극 지역에서 부는 센바람인 편서풍과 편동풍은 코리올리의 힘에 의해 휘어진다.

온대 셀의 바람은 예측할 수 없는 돌풍이 되기도 한다. 특히, 육지가 적은 남부 지역에서 심하다.

저기압대

편서풍

남위 60도

대기

한대 셀에서는 찬 공기와 더운 공기가 부딪치면 기상이 불안정해져 바람이 세게 분다.

극 편동풍

말 위도?

중세 시대에 아메리카로 항해하던 에스파냐 선원들은 위도 30도 지역에서 몇 주일이나 바람이 불지 않아 꼼짝 못할 때가 많았다. 그래서 배에 타고 있던 많은 말이 먹이가 떨어져 죽어 바다에 던져졌다. '말 위도' 란 말은 이 일에서 비롯되었다.

해풍과 육풍

해안에서는 바람이 낮에는 바다에서 육지로 분다. 육지가 바다보다 햇볕에 빨리 데워지기 때문이다. 데워진 공기가 상승하면 바다 위의 찬 공기가 그 빈자리를 채운다. 이러한 바람을 해풍이라고 한다. 밤에는 육지가 바다보다 훨씬 빨리 식기 때문에 바람이 육지에서 바다로 분다. 이 바람을 육풍이라고 한다.

낮

해풍

육지의 따뜻해진 공기가 상승한다.

밤

육풍

바다의 따뜻해진 공기가 상승한다.

파도

파도는 주로 바다 표면 위에서 부는 바람에 의해 생긴다. 끊임없이 해안에 부서지는 파도는 돌과 자갈을 마모시켜 전세계 해안의 모습을 쉴새없이 변화시킨다. 파고(파도의 높이)는 파도의 골에서 마루까지의 수직 거리, 파장(파도의 길이)은 파도의 마루에서 마루까지, 또는 골에서 골까지의 수평 거리이다.

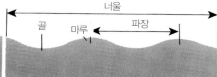

바람의 방향

너울
골 마루 파장

먼 바다

바람이 계속 불면 파도의 파장이 길어지고, 파고도 높아진다. 바람이 멈추면 규칙적인 너울이 생긴다.

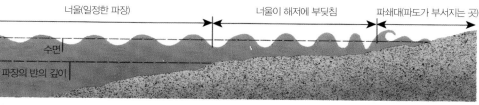

너울(일정한 파장) 너울이 해저에 부딪침 파쇄대(파도가 부서지는 곳)
수면
파장의 반의 깊이

파쇄대

파도가 해안에 가까워져 수심이 파장의 반보다 작아지면 바닷물이 파도의 마루 끝부분에 몰리면서 앞으로 기울어져 하얀 물보라가 인다. 이것을 쇄파(깨지는 파도)라 하고, 쇄파가 생기는 곳을 파쇄대라 한다.

파도의 크기

파도의 크기는 풍속, 바람의 지속 시간, 바람이 불어 온 거리에 의해 결정된다. 바람이 강하고 불어 온 거리가 길수록 큰 파도가 인다. 파고가 34m나 되는 파도도 있었다.

바람이 불어 온 거리는 파도의 크기에 영향을 준다.

파도와 물의 움직임

파도는 마치 밧줄을 흔들 때 파동이 생기는 것처럼 움직인다. 파도가 통과할 때 표층수의 물 입자들은 파도와 함께 이동하지 않고 원 운동을 하며 다시 원래의 위치로 돌아간다. 빈 병처럼 떠 있는 물체는 상하 운동을 하면서 수평 방향으로 천천히 움직인다. 더 깊은 물속에서는 물 입자가 더 작은 원을 그리면서 움직이는데, 깊이가 파장의 반에 이르면 운동을 멈춘다.

곶

파도는 바다로 돌출한 육지인 곶을 침식하여 절벽에 동굴이나 아치형 문을 만든다.

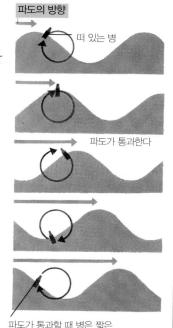

파도의 방향
떠 있는 병
파도가 통과한다

파도가 통과할 때 병은 짧은 거리만 움직일 뿐이다.

파도의 굴절

해안선이 들쭉날쭉한 경우 파도가 해안선에 가까워지면 해안선과 평행한 방향이 되려고 휘어진다. 이러한 현상을 파도의 굴절이라고 한다.

파도의 굴절

쇄파

파도가 해안에 가까워져 해저가 얕아지면 속도가 느려져 앞뒤의 파도가 모인다. 파장이 점점 짧아지고 파고가 높아진다. 그래서 파도 앞면의 경사가 가팔라지면서 진행하는 방향으로 무너져 해안에서 깨진다. 이처럼 깨지는 파도를 쇄파라고 한다. 쇄파에는 파편성 쇄파, 벽상 쇄파, 가장 흔한 돌진형 쇄파가 있다. 바람의 방향과 해안선의 지형에 따라 쇄파가 결정된다.

파도가 솟아 앞으로 무너지면서 부서진다.

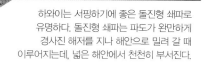

하와이는 서핑하기에 좋은 돌진형 쇄파로 유명하다. 돌진형 쇄파는 파도가 완만하게 경사진 해저를 지나 해안으로 밀려 갈 때 이루어지는데, 넓은 해안에서 천천히 부서진다.

위험한 바다 *The Hazardous Sea*

대양은 세계의 기후에 결정적인 영향을 미치는 곳이자
파괴적인 기상 현상의 근원지이다. 따뜻한 열대 바다에서
생기는 거대한 소용돌이 태풍 허리케인은 그 회오리바람이 토네이도(미국
중남부에서 주로 생기는 맹렬한 회오리바람)처럼 구름에까지 이어진다.
그리고 '쓰나미' 라고 불리는 지진 해일의 높은 파도는 엄청난 속도로 바다를
가로질러 항구나 섬들을 강타한다. 바다 안개와 북극과 남극의 얼음들은
배의 항해를 방해한다.

허리케인

카리브 인디언들 말로 악령이라는 뜻의
허리케인은 시속 170km, 지름 480km나 되는
거대한 소용돌이 태풍이다. 덥고 습한 공기가
상승하면서 응축되어 비를 만들면 많은 양의
열에너지가 방출되는데, 이 열에너지가
허리케인의 발생 원인이다. 더운 공기는 지구
자전의 영향을 받아 소용돌이를 일으키며 상승
하고, 더운 공기가 있던 공간으로 차가운 공기가
몰려온다. 그리고 다시 차가운 공기가 열을 받아
더워지면 소용돌이를 일으키며 상승한다.

허리케인 중심 주위에서
적란운(쌘비구름. 수직으로
발달한 커다란 구름)의
둥근 고리가 만들어진다.

허리케인의 눈은 주변의
구름 벽과 소용돌이
바람에 둘러싸인 조용한
중심부이다.

허리케인의 눈

바람은 시계 반대
방향으로 허리케인의
눈 주위에서 돈다.

플로리다

바하마

쿠바

허리케인의 진로

자메이카

카 리 브 해

센 해일이 부는 방향

마르티니크 섬

남 아 메 리 카

보퍼트 풍력 계급

영국 왕립 해군의 제독이었던 프랜시스 보퍼트 경이
1805년에 고안한 보퍼트 계급은 바다에서 바람의
속도를 판단하는 기준으로 사용되었다. 그리고 그 후
육지에서도 사용하기 위해 수정되었다.

보퍼트 풍력 계급	미터/초	명칭	지표면의 풍속을 추정하기 위한 관찰 사항
0	0.0~0.2	고요	연기가 수직으로 상승한다.
1	0.3~1.5	실바람	풍향계로는 알 수 없고, 연기의 이동에 의해 풍향을 알 수 있을 정도이다.
2	1.6~3.3	남실바람	바람이 얼굴에 느껴지고, 나뭇잎이 살랑이며, 풍향계가 바람에 움직인다.
3	3.4~5.4	산들바람	나뭇잎과 잔가지가 일정한 운동을 하며, 깃발이 가볍게 흔들린다.
4	5.5~7.9	건들바람	먼지가 일어나고, 종이가 흐트러지며, 나무의 잔가지가 움직인다.
5	8.0~10.7	흔들바람	잎이 있는 작은 나무가 흔들리기 시작하며, 작은 물결이 호수에 생긴다.
6	10.8~13.8	된바람	큰 나뭇가지가 흔들리고, 전깃줄에서 휭 소리가 나며, 우산을 쓰기 힘들다.
7	13.9~17.1	센바람	나무 전체가 흔들리고, 바람에 맞서 걷는 것이 힘들다.
8	17.2~20.7	큰바람	나무의 잔가지가 꺾이고, 걷기 힘들다.
9	20.8~24.4	큰센바람	약간의 건물 피해가 일어난다. (굴뚝 뚜껑과 슬레이트가 날아간다)
10	24.5~28.4	노대바람	내륙에서는 아주 드문데, 나무가 뽑히고 건물의 피해가 많이 발생한다.
11	28.5~32.6	왕바람	경험하기 매우 힘들며, 넓은 지역에 걸쳐 피해가 발생한다.
12	32.7 이상	싹쓸바람	격심한 피해를 입는다.

아시아

북아메리카

유럽

북회귀선

카리브 해

아프리카

인도양

태 평 양

적도

남아메리카

남회귀선

대서양

오스트레
일리아

허리케인이 발생하는 곳

허리케인은 태양열로부터 힘을 얻기 때문에
일반적으로 북회귀선과 남회귀선 사이 표층
수온이 27℃ 이상인 따뜻한 바다에서만 발생한다.
지역에 따라 카리브 해에서는 허리케인,
북서태평양에서는 태풍, 인도양에서는
사이클론이라고 하는 태풍은 육지에
상륙하거나 차가운 바다 위를 지나갈 때는
세력을 잃는다. 위 그림의 화살표는
태풍들의 일반적인 진로이다.

스리랑카의 콜롬보 해안을
강타하는 쓰나미. 2004년
12월 26일 인도네시아
수마트라섬 해안의 해저
40km 지점에서 대지진이
발생해 30만 명 이상이
목숨을 잃었다.

허리케인 예보

허리케인의 피해를 크게 받는 나라들은 피해를 최소화하기 위해 인공위성을 이용해 허리케인의 진로를 예측한다. 그러나 진로를 정확하게 예측하기는 매우 어렵기 때문에 비행기를 태풍 중앙부의 넓고 조용한 구역인 태풍의 눈 속으로 날려 보낸다. 비행기들은 또 다른 눈을 만들어서 세력을 분산시키려고 요오드화은, 소금, 수정 입자 등을 구름에 뿌리기도 한다. 위 사진은 우주 왕복선 디스커버리 호에서 찍은 허리케인 엘레나의 모습이다.

허리케인이 생기면
일반적으로 열대
무역풍을 따라
서쪽으로 이동한다.

허리케인의 진로

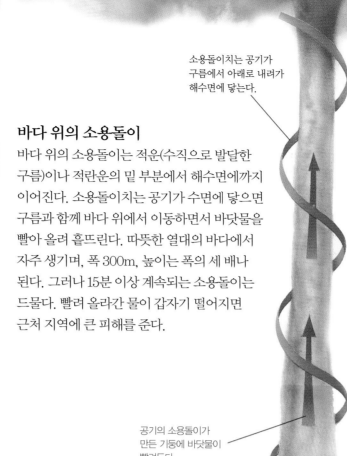

소용돌이치는 공기가
구름에서 아래로 내려가
해수면에 닿는다.

바다 위의 소용돌이

바다 위의 소용돌이는 적운(수직으로 발달한 구름)이나 적란운의 밑 부분에서 해수면에까지 이어진다. 소용돌이치는 공기가 수면에 닿으면 구름과 함께 바다 위에서 이동하면서 바닷물을 빨아 올려 흩뜨린다. 따뜻한 열대의 바다에서 자주 생기며, 폭 300m, 높이는 폭의 세 배나 된다. 그러나 15분 이상 계속되는 소용돌이는 드물다. 빨려 올라간 물이 갑자기 떨어지면 근처 지역에 큰 피해를 준다.

공기의 소용돌이가
만든 기둥에 바닷물이
빨려든다.

미국 남캘리포니아 해안에서 생긴 이 소용돌이는 높이가 900m나 된다. 소용돌이가 무너졌을 때 세 사람이 죽고, 앞에 보이는 부두를 비롯해 많은 건물이 부서졌다.

거대한 빙산은
대부분이 물속에
잠겨 있다.

얼음과 안개

북극과 북대서양, 북극해에 있는 빙산은 일부만이 수면 위로 나와 있어서 항해에 매우 위험하다. 덥고 습한 공기가 찬 공기를 만나 생기는 바다 안개는 시야를 가릴 뿐만 아니라 발생 예측이 어렵다. 밤낮 없이 생기는데, 한번 생기면 몇 시간에서 며칠까지 계속된다.

지진 해일과 폭풍 해일

지진 해일은 해저의 지진과 화산 폭발로 생긴다. 지진과 화산 폭발은 주변의 해수면을 상승시키고, 파도를 확산시킨다. 이때 파도가 대양을 가로질러 이동하는 경우 파장이 200㎞에 이르기도 하지만, 파고는 50㎝밖에 안 된다. 그러나 시속이 700㎞에 이른다. 폭풍 해일은 바다 위의 배에서 느낄 수 없을 만큼 조용하다. 그러나 속도가 줄어든 해일은 파고 30m 이상의 파도로 변해 해안을 강타한다.

24시간 안에
지진 해일이
일본에 이르렀다.

북아메리카

아시아 일본

태평양

오스트레일리아

남아메리카

칠레 남부
해안에서
지진 발생

1960년, 남아메리카 칠레를 강타한 지진 때문에 생긴 해일이 태평양을 가로질러 일본에 엄청난 피해를 입혔다.

지진 해일은 해저의 지진 활동에 의해 생긴다.

지진 해일은 파장이 길고 파고가 낮은 모습으로 매우 빠르게 바다를 가로지른다.

육지에 이르면 속도가 느려져 앞뒤의 파도가 모아지면서 거대한 해일로 변해 해안 지역을 강타한다.

해류 *Currents*

바닷물은 파도와 조류(밀물·썰물 때의 바닷물의 흐름), 그리고 거대한 물의 띠인 해류의 형태로 움직인다.

해류는 표층 해류와 심층 해류로 구분된다. 바람에 의해 흐르는 표층 해류는 폭이 80km 이상이며, 하루에 220km의 속도로 흐른다. 남극 해류는 아마존 강의 2,000배나 되는 물을 운반한다. 표층 해류의 수온은 영상 30℃에서 영하 2℃에 이르기까지 범위가 넓기 때문에 세계 기후에 큰 영향을 미친다. 세계의 해류는 적도 근처에서 데워진 바닷물의 열을 고위도의 해역으로 분산시켜 지구 전체의 열을 균형 있게 한다. 심층 해류는 물의 밀도의 차이에 의해 흐르는 해류이다.

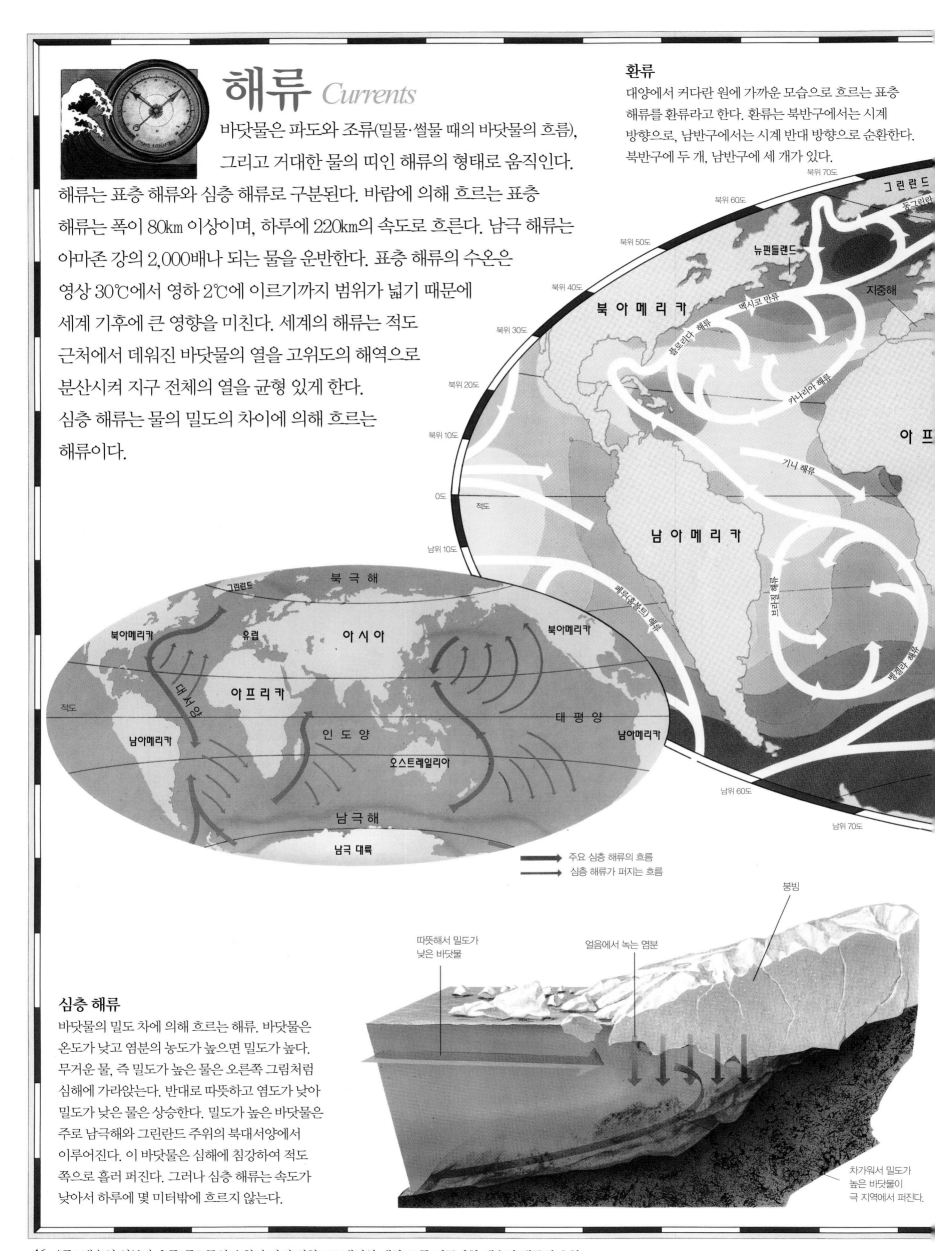

환류

대양에서 커다란 원에 가까운 모습으로 흐르는 표층 해류를 환류라고 한다. 환류는 북반구에서는 시계 방향으로, 남반구에서는 시계 반대 방향으로 순환한다. 북반구에 두 개, 남반구에 세 개가 있다.

북위 70도
북위 60도
북위 50도
북위 40도
북위 30도
북위 20도
북위 10도
0도
남위 10도
남위 60도
남위 70도

그린란드
동그린란
뉴펀들랜드
북아메리카
멕시코 만류
플로리다 해류
지중해
카나리아 해류
아 프
기니 해류
남아메리카
페루(훔볼트) 해류
브라질 해류
벵겔라 해류
적도

그린란드
북극해
북아메리카
유럽
아시아
북아메리카
대서양
아프리카
인도양
태평양
남아메리카
오스트레일리아
오스트레일리아
남극해
남극 대륙
적도

→ 주요 심층 해류의 흐름
→ 심층 해류가 퍼지는 흐름

심층 해류

바닷물의 밀도 차에 의해 흐르는 해류. 바닷물은 온도가 낮고 염분의 농도가 높으면 밀도가 높다. 무거운 물, 즉 밀도가 높은 물은 오른쪽 그림처럼 심해에 가라앉는다. 반대로 따뜻하고 염도가 낮아 밀도가 낮은 물은 상승한다. 밀도가 높은 바닷물은 주로 남극해와 그린란드 주위의 북대서양에서 이루어진다. 이 바닷물은 심해에 침강하여 적도 쪽으로 흘러 퍼진다. 그러나 심층 해류는 속도가 낮아서 하루에 몇 미터밖에 흐르지 않는다.

따뜻해서 밀도가 낮은 바닷물
얼음에서 녹는 염분
붕빙
차가워서 밀도가 높은 바닷물이 극 지역에서 퍼진다.

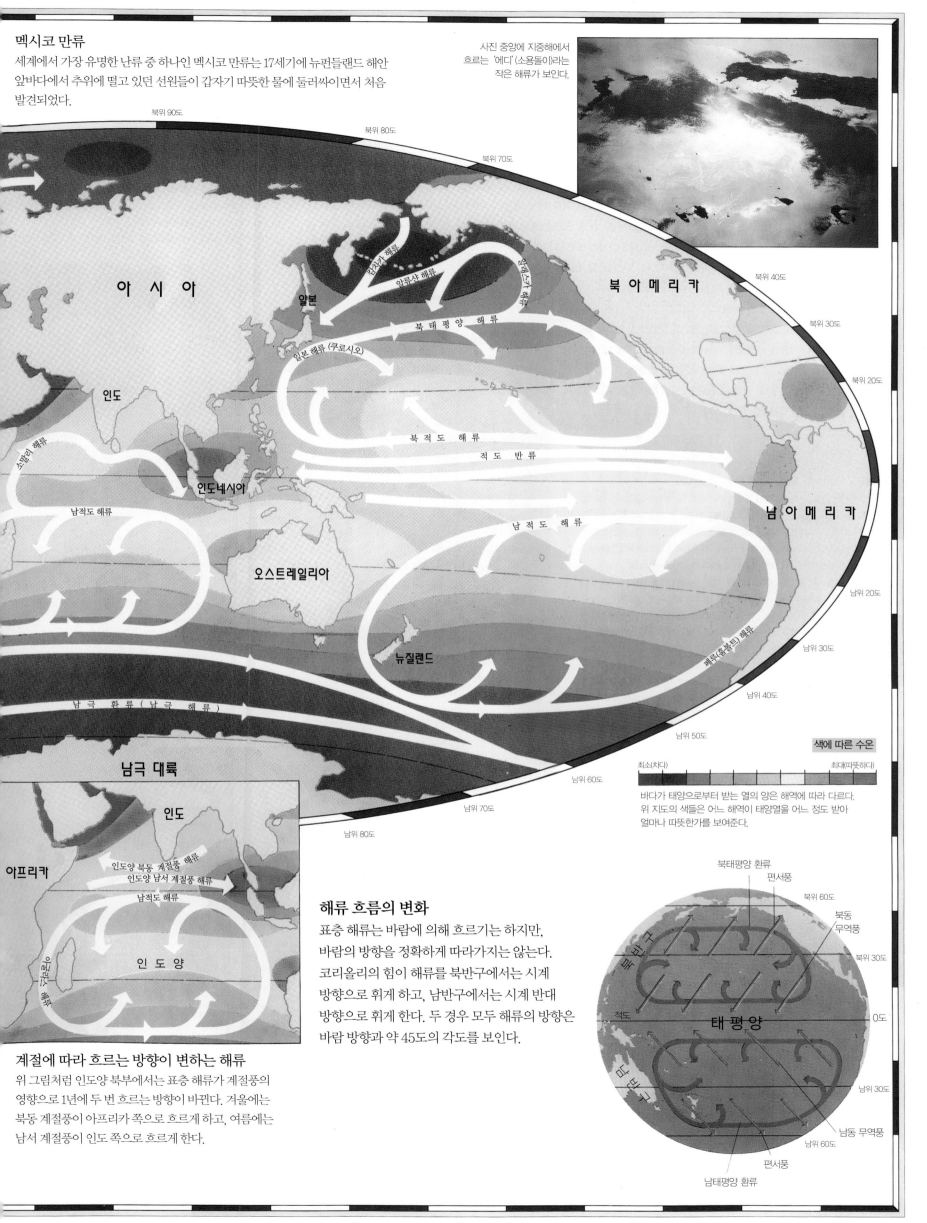

멕시코 만류

세계에서 가장 유명한 난류 중 하나인 멕시코 만류는 17세기에 뉴펀들랜드 해안 앞바다에서 추위에 떨고 있던 선원들이 갑자기 따뜻한 물에 둘러싸이면서 처음 발견되었다.

사진 중앙에 지중해에서 흐르는 '에디'(소용돌이)라는 작은 해류가 보인다.

아 시 아

북아메리카

일본

캄차카 해류
알류샨 해류
알래스카 해류

북 태 평 양 해 류

일본 해류 (쿠로시오)

인도

북 적 도 해 류

적 도 반 류

소말리 해류

인도네시아

남적도 해류

남 적 도 해 류

남아메리카

오스트레일리아

페루(훔볼트) 해류

뉴질랜드

남 극 환 류 (남 극 해 류)

남극 대륙

북위 90도
북위 80도
북위 70도
북위 40도
북위 30도
북위 20도

남위 20도
남위 30도
남위 40도
남위 50도
남위 60도
남위 70도
남위 80도

색에 따른 수온

최소(차다)   최대(따뜻하다)

바다가 태양으로부터 받는 열의 양은 해역에 따라 다르다. 위 지도의 색들은 어느 해역이 태양열을 어느 정도 받아 얼마나 따뜻한가를 보여준다.

아프리카

인도

인도양 북동 계절풍 해류
인도양 남서 계절풍 해류

남적도 해류

아굴라스 해류

인 도 양

계절에 따라 흐르는 방향이 변하는 해류

위 그림처럼 인도양 북부에서는 표층 해류가 계절풍의 영향으로 1년에 두 번 흐르는 방향이 바뀐다. 겨울에는 북동 계절풍이 아프리카 쪽으로 흐르게 하고, 여름에는 남서 계절풍이 인도 쪽으로 흐르게 한다.

해류 흐름의 변화

표층 해류는 바람에 의해 흐르기는 하지만, 바람의 방향을 정확하게 따라가지는 않는다. 코리올리의 힘이 해류를 북반구에서는 시계 방향으로 휘게 하고, 남반구에서는 시계 반대 방향으로 휘게 한다. 두 경우 모두 해류의 방향은 바람 방향과 약 45도의 각도를 보인다.

북태평양 환류
편서풍
북동 무역풍

북위 60도
북위 30도

적도

태 평 양

0도

남위 30도

남동 무역풍

남위 60도

편서풍

남태평양 환류

해수면의 높이
Changing Sea Levels

해수면은 지난 수백만 년에 걸쳐 크게 상승·하강을 반복했다. 빙하가 지구를 덮은 빙기(빙하기)에는 어마어마한 양의 물이 얼음이 되어 전세계 해수면이 130~138m 낮아졌다. 간빙기(빙기와 빙기 사이의 따뜻한 시기)에 빙하가 녹으면 해수면은 다시 높아졌다. 물론 해수면 높이의 변화는 지면에 대해 상대적이다. 지각 변동으로 해저가 융기하면 해수면은 상대적으로 낮아지고, 침강하면 높아진다. 최근 백 년 동안 해수면은 12cm 상승했다.

해수면의 높이가 변했다는 증거

호수나 습지에서 퇴적된 담수성 퇴적물이 현재의 대륙붕 해저에서 발견된다. 그리고 육지에서 살던 매머드나 말 등의 화석이 현재의 바다 밑에서 발견된다. 해수면이 지난 5천여 년 동안 계속 상승해 왔다는 증거이다. 아래 그림은 해수면 높이의 변화를 보여준다.

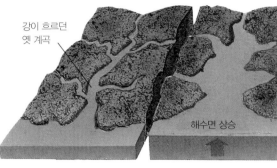

강이 흐르던 옛 계곡

해수면 상승

미국 캘리포니아 주 태평양 연안의 모로 만에 있는 융기된 바닷가

넓게 침수된 계곡

해수면이 상승하거나 육지가 침강하면 해안의 낮은 지역은 바닷물에 잠긴다. 강이 흐르는 계곡이 바닷물에 잠기면 굴곡이 많은 리아스식 해안이 이루어진다. 영국 남서부의 강 입구에 있는 나팔 모양의 삼각형 퇴적체 발달이 좋은 보기이다.

융기 해안

해수면이 하강하거나 육지가 융기하면 옛 해안의 해저가 드러나고, 새로운 해안이 이루어진다. 이러한 융기 해안이 거듭 생기면 계단 모양의 해안이 이루어진다. 융기 해안은 북극 지역 해안부터 남태평양 해안에 이르기까지 여러 지역에서 발견된다.

육지의 융기와 침강

아래 그림은 지면 높이의 변화를 보여준다. 지면은 지각 운동에 의해 변한다. 해양판이 대륙판 밑으로 섭입되면 대륙 지각판은 융기한다. 또한, 육지는 만년설이 녹으면 융기한다. 빙기에는 3,000m 두께의 어마어마한 빙하가 육지를 뒤덮고 눌러 침강시켰다. 그리고 간빙기에 빙하가 녹자 육지가 다시 융기했다. 빙기에 두꺼운 빙하에 뒤덮였던 스웨덴에서는 지금도 육지가 1년에 2cm쯤 계속 융기하고 있다.

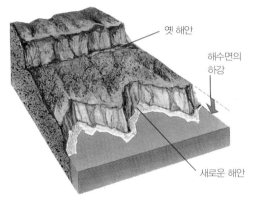

옛 해안

해수면의 하강

새로운 해안

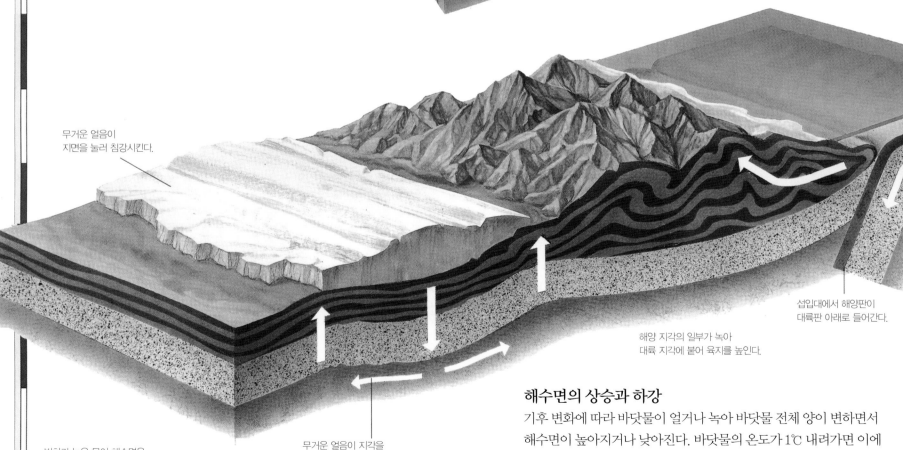

무거운 얼음이 지면을 눌러 침강시킨다.

빙하가 녹은 물이 해수면을 높이지만, 육지의 융기가 훨씬 빠른 속도로 이루어진다.

무거운 얼음이 지각을 아래쪽과 옆쪽으로 민다.

섭입대에서 해양판이 대륙판 아래로 들어간다.

해양 지각의 일부가 녹아 대륙 지각에 붙어 육지를 높인다.

해수면의 상승과 하강

기후 변화에 따라 바닷물이 얼거나 녹아 바닷물 전체 양이 변하면서 해수면이 높아지거나 낮아진다. 바닷물의 온도가 1℃ 내려가면 이에 따른 빙하의 발달로 해수면이 200cm 낮아진다. 지난 2,000년 동안 지구는 점점 따뜻해져 만년설과 빙하가 녹아 바닷물이 늘어나면서 해수면이 높아졌다.

물의 순환

물은 끊임없이 순환한다. 태양열은 흙, 녹색 식물, 바다, 호수, 강 등 지구 표면의 엄청나게 많은 물을 증발시킨다. 수증기는 하늘로 올라가 응축, 구름이 되고 비나 눈이 되어 지구 표면으로 떨어진다. 일부는 바다, 강, 호수 등으로 떨어지고, 일부는 땅에 떨어져 식물에 흡수되거나 강으로 흘러든다. 그리고 다시 태양열이 물을 증발시킨다.

공기가 상승하여 냉각되면 공기 속의 수증기가 응축되어 작은 물방울이 된다.

물방울들이 엉겨 구름이 되어 눈과 비가 내린다.

바다, 호수, 강 등의 수면으로부터 물이 증발한다.

지구 표면에 떨어진 물은 바다, 호수, 강 등으로 되돌아가거나 땅 속으로 스며든다.

대기 중의 이산화탄소와 그 밖의 기체들은 태양열이 대기 중으로 빠져 나가는 것을 막음으로써 지구를 따뜻하게 한다.

이산화탄소의 가스층은 온실의 유리벽처럼 열을 내부에 가둔다. 그래서 온실효과라는 말이 생겼다.

지구 기온 상승은 그린란드와 남극의 얼음을 녹여 심각한 결과를 초래할 수 있다.

이산화탄소

지구의 온난화

공기 중의 이산화탄소는 수백만 년 동안 태양열을 지구 표면 근처에 가두어 생명체가 살 수 있도록 했다. 이것을 온실효과라고 한다. 그런데 인류는 석유, 석탄, 천연 가스 등 온실 가스를 발생시키는 물질을 지속적으로 너무 많이 사용하여 지구가 점점 더워지고 있다. 지구 온난화는 세계적인 환경 문제이다.

전세계적인 영향

지구의 기온이 현재보다 2℃쯤 상승한다면 그 영향은 엄청난 파괴로 이어질 것이다. 극 지역의 얼음들이 녹아 해수면을 상승시켜 전세계 해안의 낮은 지역들이 바다에 잠길 것이다. 그리고 세계 기후를 변화시켜 생태계를 위협할 것이다. 현재 세계 곳곳에서 이상 기후로 인한 피해들이 속출하고 있다.

방글라데시

브라마푸트라 강

방글라데시

갠지스 강

인도

갠지스 삼각주

벵골 만

남아시아에 있는 방글라데시가 지구 온난화로 위협 받고 있다. 땅이 기름지긴 하지만, 홍수가 자주 발생하는 갠지스 강의 삼각주에 있어서 해수면이 1m만 상승해도 곡창 지대의 14%가 물에 잠기게 된다.

북아메리카

북극해

태평양

그린란드

만년빙

아시아

대서양

유럽

네덜란드

작은 산호초 섬들로 이루어진 몰디브 제도는 섬들의 높이가 낮아 해수면이 3m쯤 올라가면 모두 물에 잠기게 된다.

방글라데시

아프리카

몰디브 제도

인도양

1990년 9월, 한강 전역에 내린 집중호우로 서울뿐만 아니라 고양군 일대가 물바다가 되었다. 한강 대홍수로 인해 1200여 명이 사망하고, 187,000여 명의 이재민이 발생했다.

북 해

네덜란드

동스할데 제방

네덜란드

국토의 25%가 해수면보다 낮은 네덜란드는 둑을 쌓아 바닷물의 범람을 막았다. 그런데 스칸디나비아 반도가 융기하면서 네덜란드가 점점 더 침강하고 있다. 지구 온난화로 해수면이 상승하면 큰 재난이 닥칠 것이다.

동스할데 제방은 네덜란드의 낮은 지역을 바닷물로부터 지켜 준다. 그러나 이 구조물은 근처 해역의 생태계에 영향을 미치고 있다.

밀물과 썰물
Tides

전세계 대부분의 해안에서는
하루에 한 번 혹은 두 번씩 해수면이 상승과 하강을
반복한다. 이 현상을 조석(밀물과 썰물)이라고 한다. 달과
태양의 인력에 의해 일어나는 조석은 해저 분지의 지형, 근처 육지의
지형, 지구 자전의 영향도 받는다. 크게 세 가지로 나뉘는데, 첫째는
하루에 두 번씩 약 6시간 간격으로 만조(해수면이 가장 높아졌을 때의
밀물)와 간조(해수면이 가장 낮아졌을 때의 썰물)가 있는 형태이다.
만조에서 다음 만조까지 약 12시간이 걸린다. 둘째는 하루에 한 번씩
만조와 간조가 있는 형태이다. 셋째는 하루에 두 번씩 만조와 간조가
있지만, 하루 동안에 두 번 있는 만조 때의 해수면 높이가 큰 차이를
보이는 형태이다.

사리와 조금
사리는 간만의 차(만조일 때와 간조일 때의 해수면 높이의 차이)가
가장 큰 때, 조금은 가장 작은 시기이다. 사리와 조금의 주기는 28일인데,
달과 태양과 지구의 상대적인 위치에 따라 결정된다. 한 달에 두 번씩
사리와 조금이 있으며, 각각 한 주일 간격으로 나타난다.

지구의 자전

지구

달

달의 인력이
지구의 바닷물을
끌어당긴다.

기조력
조석을 일으키는 힘을 기조력이라고
한다. 바다에 작용하는 달의 인력은
태양의 인력의 두 배가 넘는다. 왼쪽
그림처럼 달이 바닷물을 끌어당겨
지구와 달이 마주보는 쪽을 볼록하게
한다. 균형을 이루기 위해 지구의
자전은 원심력을 일으켜 반대쪽의
물을 모아 역시 볼록하게 한다.

날짜

| 1 2 3 4 5 6 7 8 9 10 11 12 13 14 15 16 17 18 19 20 21 22 23 24 25 26 27 28 |

해수면

조차

큰사리

큰조금

작은 조금

작은 사리

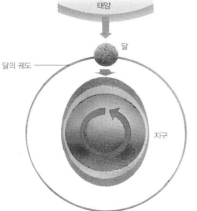

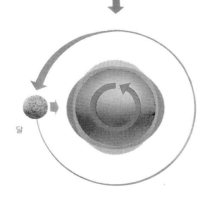

태양

달

달의 궤도

지구

초승달일 때(삭)
초승달일 때는 달의 인력과 태양의
인력이 일직선으로 두 인력이 지구의
바닷물을 끌어당긴다. 사리가 일어난다.

상현달일 때
상현달일 때는 달의 인력과 태양의
인력이 직각을 이루어 두 인력이 다른
방향으로 작용한다. 조금이 일어난다.

보름달일 때(망)
한 달에 두 번째 사리가 보름달 때에
이루어진다. 달과 태양과 지구의 위치가
초승달 때와는 다르지만 다시 일직선이
되기 때문이다.

하현달일 때
한 달에서 두 번째 조금이 하현달 때
일어난다. 달의 인력과 태양의 인력이
다시 직각을 이루기 때문이다.

조차(간만의 차이)

밀물 때 가장 높아진 수위를 만조(고조), 썰물 때 가장
낮아진 수위를 간조(저조)라 하고, 만조일 때의 수위와
간조일 때의 수위의 차이를 조차라고 한다. 앞바다가
툭 터진 해안의 조차는 보통 2~3m 정도이지만, 지중해
처럼 육지에 둘러싸인 바다는 조차가 거의 없다. 만이나
강어귀의 조차는 17m가 넘는 경우도 있다. 폭풍과
태풍 등의 강한 바람이 조차를 평소보다 크거나 작게
하기도 한다.

사진은 간조 때(왼쪽)와 만조 때(오른쪽)의 하구의 모습이다. 간조 때는
바닷물이 밀려가 갯벌과 갯벌에서 사는 생물들이 드러난다. 만조 때는
바닷물이 밀려와 갯벌이 깊은 바다로 변해 많은 곳과 생물들이 물에
잠긴다.

육지에 오른 배?

만조항(만조 때에만 배가 드나들 수 있는
항구)의 배들은 조석에 따라 입출항한다.
간조 때에는 갯벌에 얹힌다.

노출 지대

만조대(상부 조간대)는
대부분 노출되어 있어
서 이곳에서 사는
생물들은 완전히 물에
잠기는 시간이 짧다.

물이 찼다가 빠졌다가

중간대는 갯벌에서 가장
넓다. 밀물이 밀려오면
바닷물에 잠기고, 썰물이
밀려가면 드러난다.

물속

간조대(하부 조간대)에서 사는
생물들은 썰물 때에도 물에 잠겨 있다.
그런데 만조 때에는 수온과 염도가
변한다.

만조대

중간대

간조대

해안의 지대에 따라
다른 해조류들이 산다.

갯벌에서 사는 생물들

갯벌(조간대)에서 사는 생물들은 밀물·썰물의 환경 변화에
대처할 수 있어야 한다. 어떤 동물들은 썰물 때 몸이 건조해지는
것을 막으려고 자신들의 껍데기나 촉촉한 모래 구멍 속에 숨는
다. 해조류는 점액질을 분비하여 건조 현상을 막고, 밀물·
썰물 때 물에 휩쓸려 가지 않도록 뿌리처럼 생긴 흡착
기관으로 바위에 붙어 있다.

삿갓조개

좁쌀무늬고둥

홍합

흡착 기관

유럽총알고둥

따개비

고기잡이 *Fishing*

먼 옛날부터 사람들은 창이나 망, 갈고리 등으로 바다에서 물고기를 잡아먹었다. 지금은 고기잡이가 큰 산업으로 발전해 최신 장비를 갖춘 대규모 어선단들이 바다 곳곳을 누비고 있다. 전세계 약 2만 종의 어류 가운데 상업적인 가치가 있는 약 3백 종만이 잡히고 있다. 주로 두 종류의 어류를 잡는데, 바다 표층 근처에서 사는 부유성 어류와 해저 또는 해저 근처에서 사는 저서성 어류가 그것이다. 그러나 오늘날 무분별한 남획과 환경오염으로 인해 많은 어종들이 멸종 위기에 놓여 있다. 어류뿐 아니라 조개류(패류), 해조류, 성게 등도 주요 식량 자원이다.

상업적인 고기잡이

상업적인 어업을 하는 대형 선단들은 음파 탐지기를 이용해 고기 떼를 찾는다. 어선에서 내보낸 음파가 고기 떼가 있는 곳에서 반사되어 돌아오기 때문에 고기 떼의 위치를 알 수 있다. 상업적인 고기잡이에 사용되는 주된 그물은 자망, 유망, 트롤 망(저인망), 건착망 등이다. 식용 어류뿐만 아니라 까나리 같은 고기도 잡아서 기름을 짜기도 하고, 가루를 내어 동물의 사료로 사용하기도 한다.

케냐의 전통적인 어부들은 바구니망으로 고기를 잡는다.

전통적인 고기잡이

옛날부터 어부들은 창, 반두, 막대, 줄, 물고기 덫, 항아리 등으로 어류나 조개류를 잡았다. 전통적인 고기잡이배는 큰 나무를 파서 만든 카누부터 작은 동력선에 이르기까지 다양하다.

돌벽 덫
수심이 얕은 해안에서는 돌이나 나무로 벽을 만들어 썰물 때 물이 빠져 나가면 갇힌 고기를 잡는다.

기둥 위에서
스리랑카에서는 어부들이 바다에 세운 나무 기둥 위에서 농어나 숭어를 잡는다.

새조개 갈퀴질
썰물 때 새조개 같은 조개류를 손으로 잡거나 갈퀴질하여 잡는다.

해조류
먹거나 비료로 쓰기 위해 채취된다. 아이스크림이나 치약을 만들 때 쓰는 식물성 응고제로 사용하기도 한다.

정치망
끝에 둥근 그물 통이 있는 여러 개의 원뿔꼴 망으로 되어 있다. 썰물 때 갇힌 고기를 잡는다. 고기들을 망 속으로 유인하는 두 개의 커다란 망 날개가 있다.

막대 낚시

돌벽 덫

반두

새조개 갈퀴질

정치망

근해 어선

가재잡이 바구니망

다시마

근해 어업
대형 어선이 들어갈 수 없는 근해에서는 작은 배로 고기를 잡는다. 몇 명 안 되는 어부들이 고기를 잡아 항구에서 판다.

반두
바닷가 얕은 물에서는 반두로 작은 물고기나 새우를 잡는다. 두 개의 막대기로 그물을 들어올린다.

바구니망
바구니망을 바다 밑바닥에 내려 바다가재, 새우, 게 등을 잡는다. 바구니 망의 위치는 물에 띄운 부표로 알 수 있다.

바다가재
50cm

새조개
5cm까지 자란다.

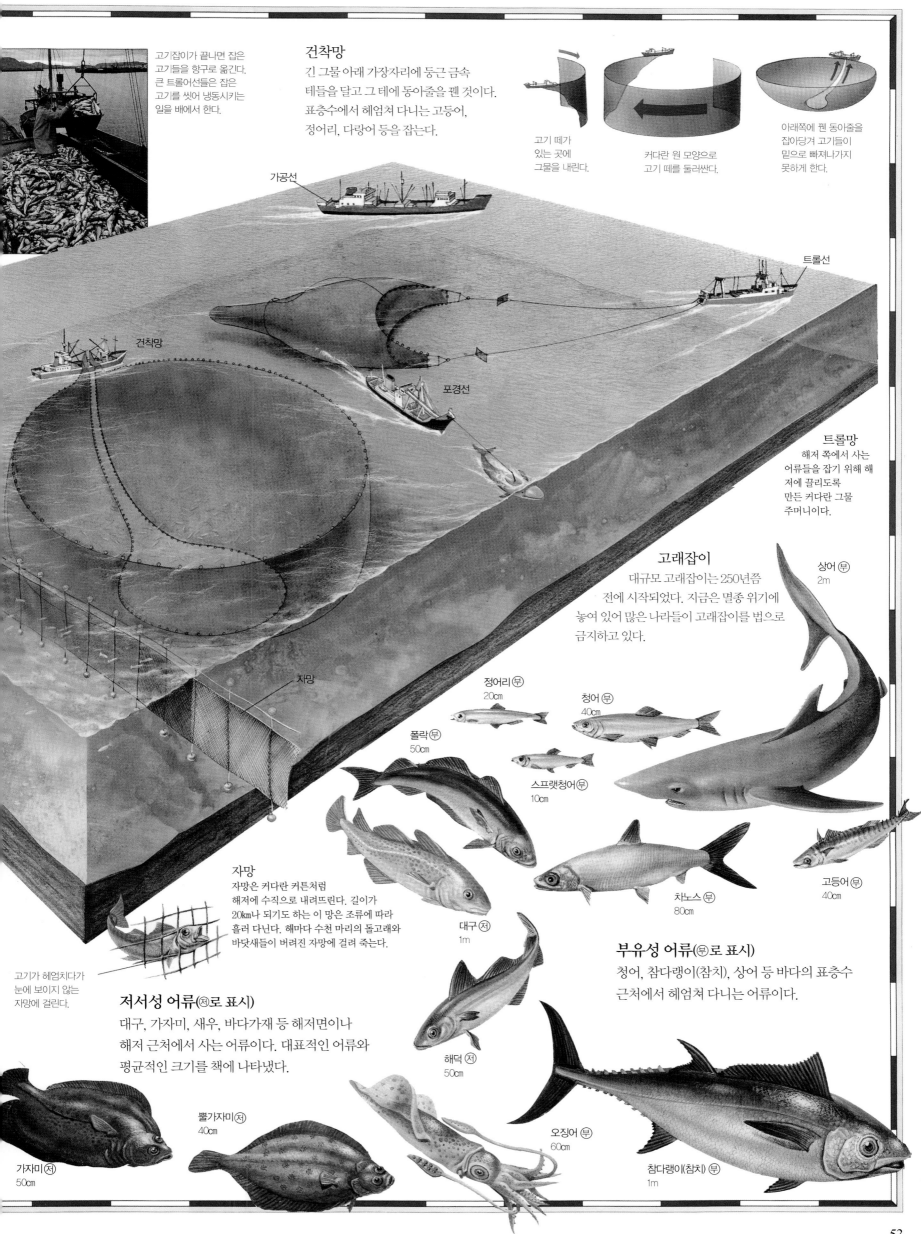

고기잡이가 끝나면 잡은 고기들을 항구로 옮긴다. 큰 트롤어선들은 잡은 고기를 씻어 냉동시키는 일을 배에서 한다.

건착망
긴 그물 아래 가장자리에 둥근 금속 테들을 달고 그 테에 동아줄을 꿴 것이다. 표층수에서 헤엄쳐 다니는 고등어, 정어리, 다랑어 등을 잡는다.

고기 떼가 있는 곳에 그물을 내린다.

커다란 원 모양으로 고기 떼를 둘러싼다.

아래쪽에 꿴 동아줄을 잡아당겨 고기들이 밑으로 빠져나가지 못하게 한다.

가공선

트롤선

건착망

포경선

트롤망
해저 쪽에서 사는 어류들을 잡기 위해 해저에 끌리도록 만든 커다란 그물 주머니이다.

고래잡이
대규모 고래잡이는 250년쯤 전에 시작되었다. 지금은 멸종 위기에 놓여 있어 많은 나라들이 고래잡이를 법으로 금지하고 있다.

상어 (부)
2m

정어리 (부)
20cm

청어 (부)
40cm

폴락 (부)
50cm

스프랫청어 (부)
10cm

고등어 (부)
40cm

차노스 (부)
80cm

자망

대구 (저)
1m

자망
자망은 커다란 커튼처럼 해저에 수직으로 내려뜨린다. 길이가 20km나 되기도 하는 이 망은 조류에 따라 흘러 다닌다. 해마다 수천 마리의 돌고래와 바닷새들이 버려진 자망에 걸려 죽는다.

고기가 헤엄치다가 눈에 보이지 않는 자망에 걸린다.

저서성 어류 (저)로 표시)
대구, 가자미, 새우, 바다가재 등 해저면이나 해저 근처에서 사는 어류이다. 대표적인 어류와 평균적인 크기를 책에 나타냈다.

해덕 (저)
50cm

부유성 어류 (부)로 표시)
청어, 참다랭이(참치), 상어 등 바다의 표층수 근처에서 헤엄쳐 다니는 어류이다.

뿔가자미 (저)
40cm

가자미 (저)
50cm

오징어 (부)
60cm

참다랭이(참치) (부)
1m

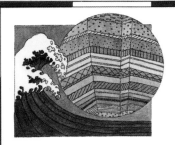

석유와 천연 가스 *Oil and Gas*

전세계 석유와 천연 가스의 5분의 1이 해저에서 생산된다. 1896년, 미국 캘리포니아 해안 앞바다에서 세계 최초로 해저 유전 유정(석유를 뽑아 올리려고 땅에 판 구멍)이 뚫린 이래 오늘날 석유와 천연 가스를 탐사하고 뽑아 올리는 것은 최첨단 기술을 이용한 거대한 산업으로 발전했다. 지질학자들은 석유와 천연 가스의 매장을 알아보기 위해 해저 지질을 연구한다. 가장 좋은 방법은 지층을 직접 시추(지각 속에 구멍을 뚫는 일)하는 것이다. 석유가 있으면 오른쪽 그림 같은 플랫폼을 만들어 생산을 시작한다. 채굴된 석유와 천연 가스는 송유관을 통해 정제소로 보내지고, 채굴이 끝나면 유정을 꽉 막는다.

드릴 스트링
길이 10m의 강철 파이프로 만들어졌다. 끝에 드릴 비트가 있다.

유정탑
굴착 장비를 갖춘, 강철로 만든 탑.

크레인
플랫폼에 물건들을 올린다.

노동자들이 드릴 스트링에 부품을 달고 있다.

석유는 어떻게 만들어졌는가?

지질 시대 생물들의 사체가 해저에 가라앉고, 그 위에 진흙과 모래 등 퇴적물이 쌓였다. 수백만 년 동안 지하의 열과 압력, 박테리아의 분해 작용에 의해 생물의 잔해가 석유로 변했다. 석유는 잔구멍이 많은 다공질의 암층을 통해 위쪽으로 올라 가는데, 치밀한 암층에 이르면 흐름을 멈추고 고인다.

많은 동식물의 사체가 해저에 가라앉는다.

동식물의 사체가 진흙과 모래 따위에 덮여 수백만 년이 지나는 동안 석유로 변한다. 석유는 다공질 암층을 통해 위쪽으로 올라간다.

'개암' 이라는 치밀한 암층에 의해, 또는 지각 변동에 의해 흐름을 멈추고 고인다.

소방선
불이 나면 소방선이 분당 수천 리터의 물을 뿜어 끈다.

굴착 장치를 고정하는 강철 재킷

유정

플랫폼

석유가 있는 암석층이 위쪽 암석층의 무게에 눌린다.

유정에서 석유를 뽑아 올린다.

유정

되도록 많은 석유를 채굴하려고 플랫폼에서 여러 개의 유정을 여러 각도로 판다. 각 유정의 머리 부분에는 밸브와 계기로 이루어진 장치를 설치한다.

날카로운 톱니

냉각액

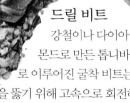

드릴 비트

강철이나 다이아 몬드로 만든 톱니바퀴들로 이루어진 굴착 비트는 암석을 뚫기 위해 고속으로 회전하기 때문에 마찰로 인해 많은 열이 생긴다. 그래서 무드(진흙)라는 드릴용 냉각액을 펌프를 통해 드릴 스트링으로 보낸다. 무드는 비트를 냉각시킨 뒤 펌프로 되돌아간다.

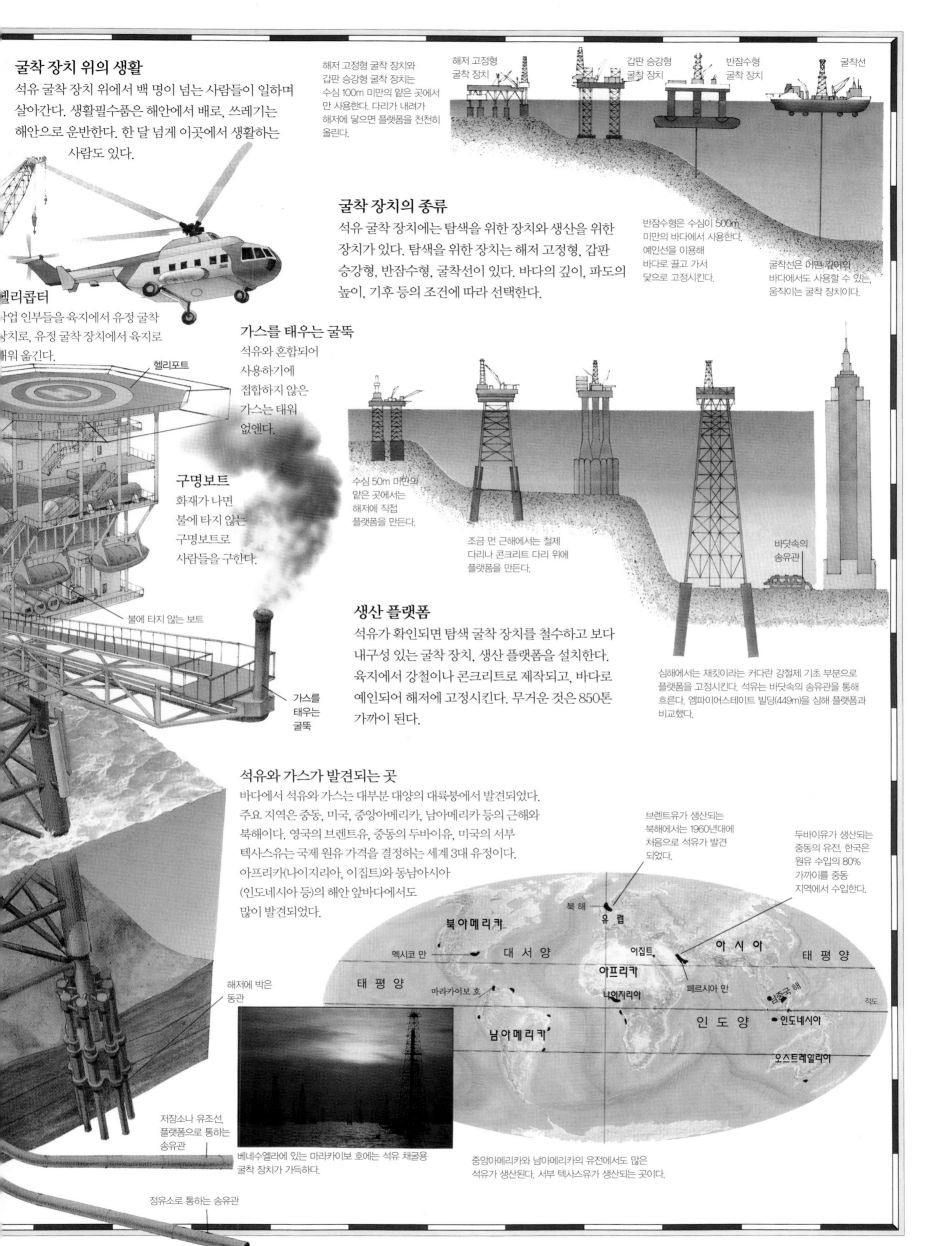

굴착 장치 위의 생활

석유 굴착 장치 위에서 백 명이 넘는 사람들이 일하며 살아간다. 생활필수품은 해안에서 배로, 쓰레기는 해안으로 운반한다. 한 달 넘게 이곳에서 생활하는 사람도 있다.

해저 고정형 굴착 장치와 갑판 승강형 굴착 장치는 수심 100m 미만의 얕은 곳에서만 사용한다. 다리가 내려가 해저에 닿으면 플랫폼을 천천히 올린다.

해저 고정형 굴착 장치
갑판 승강형 굴착 장치
반잠수형 굴착 장치
굴착선

헬리콥터
업 인부들을 육지에서 유정 굴착 치로, 유정 굴착 장치에서 육지로 워 옮긴다.

굴착 장치의 종류

석유 굴착 장치에는 탐색을 위한 장치와 생산을 위한 장치가 있다. 탐색을 위한 장치는 해저 고정형, 갑판 승강형, 반잠수형, 굴착선이 있다. 바다의 깊이, 파도의 높이, 기후 등의 조건에 따라 선택한다.

반잠수형은 수심이 500m 미만의 바다에서 사용한다. 예인선을 이용해 바다로 끌고 가서 닻으로 고정시킨다.

굴착선은 어떤 깊이의 바다에서도 사용할 수 있는, 움직이는 굴착 장치이다.

헬리포트

가스를 태우는 굴뚝

석유와 혼합되어 사용하기에 접합하지 않은 가스는 태워 없앤다.

구명보트
화재가 나면 불에 타지 않는 구명보트로 사람들을 구한다.

수심 50m 미만의 얕은 곳에서는 해저에 직접 플랫폼을 만든다.

조금 먼 근해에서는 철제 다리나 콘크리트 다리 위에 플랫폼을 만든다.

바닷속의 송유관

불에 타지 않는 보트

가스를 태우는 굴뚝

생산 플랫폼

석유가 확인되면 탐색 굴착 장치를 철수하고 보다 내구성 있는 굴착 장치, 생산 플랫폼을 설치한다. 육지에서 강철이나 콘크리트로 제작되고, 바다로 예인되어 해저에 고정시킨다. 무거운 것은 850톤 가까이 된다.

심해에서는 재킷이라는 커다란 강철제 기초 부분으로 플랫폼을 고정시킨다. 석유는 바닷속의 송유관을 통해 흐른다. 엠파이어스테이트 빌딩(449m)을 심해 플랫폼과 비교했다.

석유와 가스가 발견되는 곳

바다에서 석유와 가스는 대부분 대양의 대륙붕에서 발견되었다. 주요 지역은 중동, 미국, 중앙아메리카, 남아메리카 등의 근해와 북해이다. 영국의 브렌트유, 중동의 두바이유, 미국의 서부 텍스스유는 국제 원유 가격을 결정하는 세계 3대 유정이다. 아프리카(나이지리아, 이집트)와 동남아시아 (인도네시아 등)의 해안 앞바다에서도 많이 발견되었다.

브렌트유가 생산되는 북해에서는 1960년대에 처음으로 석유가 발견 되었다.

두바이유가 생산되는 중동의 유전 한국은 원유 수입의 80% 가까이를 중동 지역에서 수입한다.

북해   유럽
북아메리카
멕시코 만   대서양   이집트   아시아   태평양
태평양   아프리카
마라카이보 호   나이지리아   페르시아 만   동중국 해   적도
남아메리카   인도양   인도네시아
오스트레일리아

해저에 박은 동관

저장소나 유조선, 플랫폼으로 통하는 송유관

베네수엘라에 있는 마라카이보 호에는 석유 채굴용 굴착 장치가 가득하다.

중앙아메리카와 남아메리카의 유전에서도 많은 석유가 생산된다. 서부 텍사스유가 생산되는 곳이다.

정유소로 통하는 송유관

배 *Shipping*

인류는 오랫동안 노를 저어 움직이는 배를 이용하다가 약 5천 년 전, 고대 이집트인들이 돛을 발명했다. 19세기에 이르러서는 증기기관과 스크루가 발명되면서 오늘날 대형 선박은 대부분 디젤 엔진을 사용한다. 무역, 해저 지형 탐사, 관광, 군사 목적, 어업 등에 이용되는 배는 그 종류만도 수백 가지가 넘는다. 승객들을 태워 나르는 배에는 호화 정기 여객선, 가까운 곳을 다니는 페리, 속도가 빠른 쌍동선(두 척의 배를 한 갑판으로 연결한 배) 등이 있다. 오늘날 무역품은 대부분 배로 운반되는데, 이러한 배를 상선이라고 한다. 상선에는 컨테이너선, 일반 화물선, 석유를 수송하는 초대형 유조선 등이 있다. 현재 우리나라는 세계 제일의 기술로 가장 많은 대형 선박을 생산하고 있다.

항구와 항로

아래 지도는 세계 주요 항구와 항로의 모습이다. 많은 항구가 강어귀 근처에 있다. 세계에서 가장 번잡한 항구는 네덜란드의 라인 강 삼각주에 있는 로테르담이다. 세계 주요 항구들을 연결하는 항로들은 배들의 충돌을 막기 위해 주의 깊게 감시된다. 수에즈 운하와 파나마 운하는 항로에 있어서 가장 중요한 지름길이다.

현대의 배

대부분의 배들은 승객이나 화물을 운반하기 위해 만들어졌다. 화물만 운반하는 배도 있고, 화물과 승객을 함께 운반하는 배도 있다. 아주 무거운 물건을 싣거나 내리는 배, 배에서 난 불을 끄는 배, 배에서 사고가 나면 사람들을 구하는 배 등 특별한 기능을 가진 배들도 있다. 배는 비행기보다 값싸게 먼 거리를 오갈 수 있다.

정기 여객선

많은 사람들이 먼 거리 여행에는 비행기를 이용하지만, 가까운 거리에는 대부분 정기 여객선을 이용한다. 발틱 해에서 운항되는 최대의 여객선은 승객 2,500명과 자동차 450대를 운반할 수 있다.

로열 프린세스 호

지금까지 건조된 가장 큰 여객선 가운데 하나이다. 1984년, 영국의 사우샘프턴에서 미국의 로스앤젤레스까지 첫 항해를 시작했다. 1,200명의 승객을 태울 수 있고, 도서실, 영화관, 체육관, 네 개의 수영장 등을 갖추고 있다.

컨테이너선

커다란 금속 상자인 컨테이너에 담긴 화물을 운반하는 배. 컨테이너는 배의 화물칸이나 갑판에 알맞도록 규격화되어 있으며, 크레인으로 싣거나 내다. 큰 컨테이너선은 컨테이너 4천 개 이상 실을 수 있다.

원양 항해용 예인선

힘이 아주 세서 항해하기 곤란하거나 위험한 해역으로부터 큰 배를 안전한 해역으로 끌어다 주기도 하고, 해난 구조 활동, 석유 채굴 장치 수리 등에 사용되기도 한다.

수중익선

'스키'라는 수중익(물속 날개)이 있는 배. 속도를 올리면 수중익이 떠올라 배가 해수면 위로 들어 올린다. 그래서 배는 수면을 스치듯이 달린다. 시속 90km가 넘는 수중익선도 있다.

시캣 호

1990년에 진수했으며, 세계에서 가장 큰 쌍동선으로, 선체가 둘이다. 짧은 거리는 일반 여객선보다 두 배 속도로 달릴 수 있다.

선교(브리지, 선장이 여기에서 지휘한다)
굴뚝
객실 갑판
굴뚝
선체
선교
선교
객실 갑판
선체
이물(배의 머리)
수중익
두 선체
화물 컨테이너
이물

레이더

1940년대부터 항해에도 사용되었다. 배에서 전파를 내보내면 다른 배를 포함해 갖가지 물체에 부딪쳐 되돌아오는 원리를 이용한 레이더가 화면에 배의 위치를 나타내 준다.

교통정리

영국과 프랑스 사이에 있는 도버 해협은 세계에서 가장 혼잡한 항로 중 하나이다. 안개가 끼는 등 날씨가 나쁘면 충돌 위험이 많아진다. 그래서 오른쪽 그림과 같이 교통정리를 했는데, 그 뒤 사고가 줄었다. 중앙의 레인이 북쪽으로 가는 항로와 남쪽으로 가는 항로를 갈라놓았다. 인공위성, 비행기, 감시선, 레이더 등이 규칙 위반을 감시하고 있다.

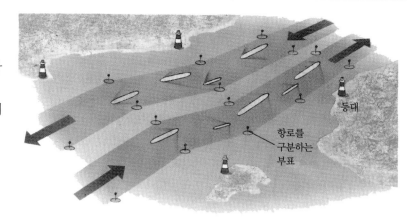

등대 / 항로를 구분하는 부표

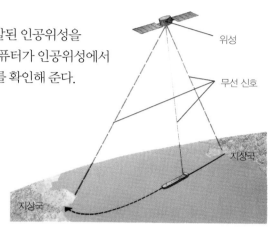

인공위성을 이용한 항해

오늘날 배들은 1960년대에 개발된 인공위성을 이용해 항해한다. 배에 있는 컴퓨터가 인공위성에서 발사된 신호를 받아 배의 위치를 확인해 준다.

위성 / 무선 신호 / 지상국 / 지상국

대형 화물선

곡물, 설탕, 석탄 등 특수 화물을 대량으로 운반한다. 화물을 갑판 아래에 있는 큰 선창에 넣는다.

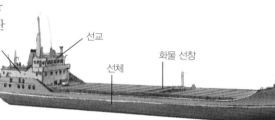

선교 / 화물 선창 / 선체

초대형 화물선

자동차를 비롯한 탈것이나 컨테이너를 운반한다.

선교 / 컨테이너 / 화물 갑판

무거운 화물 운반선

석유 채굴 장치처럼 아주 무거운 화물을 운반한다. 크레인으로 화물을 싣고 내린다. 갑판이 물에 잠길 수도 있다.

선교 / 크레인

세종대왕함

한국에서 만든 최초의 이지스함(군함의 한 종류)이다. 2007년 5월 진수했으며, 최대 1000km 떨어져 있는 항공기나 미사일을 찾아낼 수 있고, 900개의 목표물을 동시에 추적할 수 있다. 세종대왕함을 진수함으로써 한국은 미국, 일본, 스페인, 노르웨이에 이어 5번째 이지스함 보유국이 되었다.

다기능선

바다에서 석유 채굴 장치를 돕거나 사고 발생 등 긴급한 일이 생겼을 때 여러 가지 역할을 한다. 강력한 부체(물에 뜨는 물체, 반잠수 선체) 위에 실려 떠 있고, 갑판 부분에는 승무원 숙박 시설, 병원, 헬리포트(헬리콥터가 뜨고 내리는 곳), 소방 장비 등이 있다.

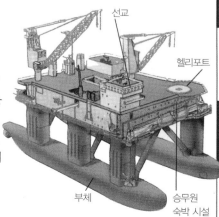

선교 / 헬리포트 / 부체 / 승무원 숙박 시설

초대형 유조선

석유를 운반한다. 한 번에 50만 톤이나 되는 석유를 운반하기도 한다.

여기에 석유를 넣는다.

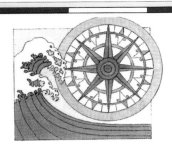

해양 고고학
Undersea Archaeology

난파선, 해저 보물, 바다 밑에 가라앉은 옛 도시 유적 등을 조사하고 연구하는 분야이다. 1940년대에 스쿠버가 발명되면서 본격적인 연구가 가능해졌다. 그 전까지 옛날의 잠수부들은 나무로 만든 잠수종을 이용해 바다로 잠수해 들어가 돈, 금, 은 같은 귀중품을 인양했다. 오늘날 고고학자들은 최신 잠수 기술과 도구를 이용, 난파선이나 공예품을 끌어올린다. 지금까지 발견된 해저의 난파선 중에는 타이타닉 호, 와사 호, 에스파냐의 보물선, 그리고 에스파냐의 무적함대와 함께 항해하다가 아일랜드 서해안 앞바다에서 침몰한 갤리언 선(15~18세기 에스파냐의 큰 배), 한국의 신안 앞바다에서 발견된 보물선 등이 있다.

옛날의 난파선 화물 인양 작업을
보여주는 1600년대의 판화.

해양 고고학자들의 연구

해양 고고학자들은 유물들이 바닷속에서 인양되어 전시되기 전에 유물 발견 장소를 조사한다. 그리고 모든 유물을 기록하고 조사한다. 파도, 조류, 수압, 낮은 수온, 흐린 물 등이 탐사를 어렵게 한다.

난파 지점 발견

수많은 난파 지점이 전세계에서 발견되었다. 어떤 곳은 스포츠 다이버들에 의해 우연히 발견되었다. 오랫동안 탐색하고 연구하여 발견하는 경우도 있다. 수중 음파 탐지기 같은 현대식 수중 탐사 장비가 난파선을 찾는 데 중요한 역할을 한다.

공기 주머니를 이용한 인양

무거운 총이나 깨지기 쉬운 도자기는 공기 주머니를 이용하여 인양한다. 공기 주머니는 현장에서 무거운 암석이나 퇴적물을 없앨 때도 이용한다.

해수면으로 올라가는 속도를 조절하기 위해 주머니 속의 공기를 천천히 내보낸다.

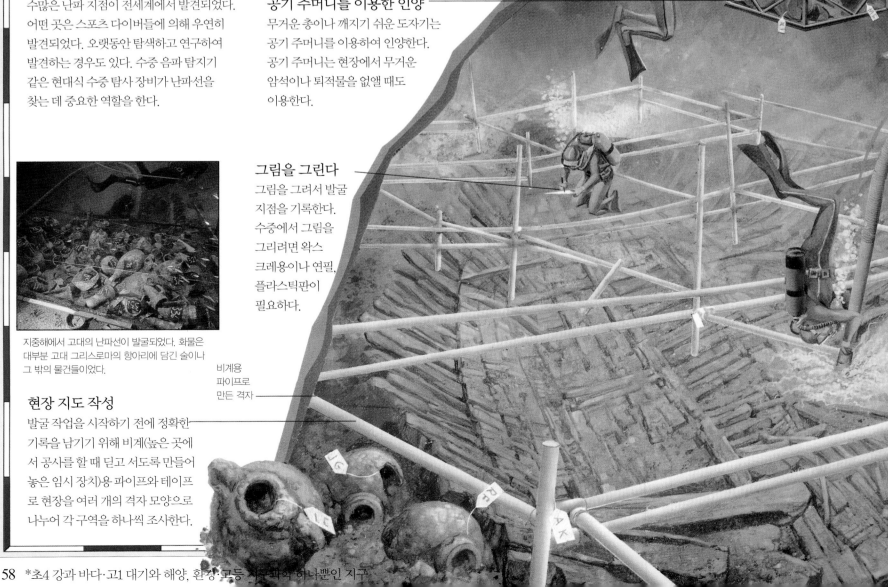

그림을 그린다

그림을 그려서 발굴 지점을 기록한다. 수중에서 그림을 그리려면 왁스 크레용이나 연필, 플라스틱판이 필요하다.

비계용 파이프로 만든 격자

지중해에서 고대의 난파선이 발굴되었다. 화물은 대부분 고대 그리스로마의 항아리에 담긴 술이나 그 밖의 물건들이었다.

현장 지도 작성

발굴 작업을 시작하기 전에 정확한 기록을 남기기 위해 비계(높은 곳에서 공사를 할 때 딛고 서도록 만들어 놓은 임시 장치)용 파이프와 테이프로 현장을 여러 개의 격자 모양으로 나누어 각 구역을 하나씩 조사한다.

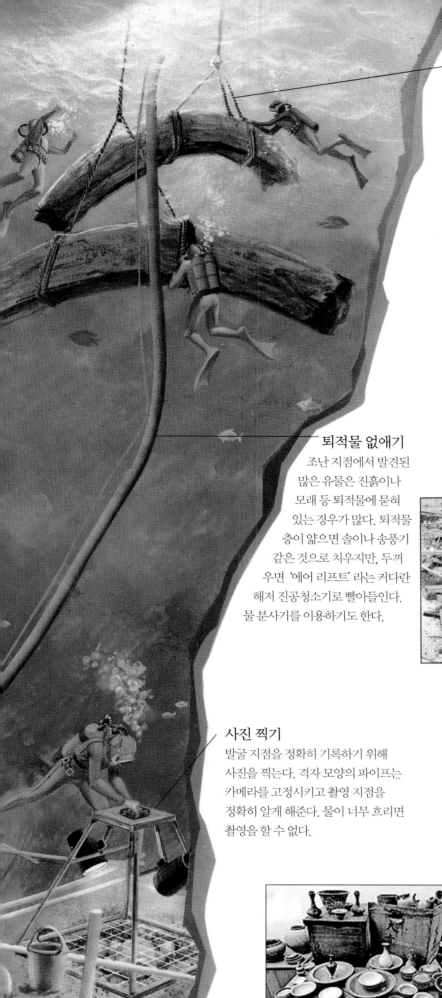

서까래
나무로 만든 배의
고물(배 뒷부분)에
쓰였던 큰 목재는
인양하여 깨끗이
씻고 보존 처리한다.

보존
나무나 가죽 등은 바닷물 속에서는 잘 보존되지만, 물 밖
으로 인양되면 건조와 부식을 막는 보존 처리를 해야 한다.
목재를 보존하려면 일종의 와스인 폴리에틸렌글리콜 등의
화학 약품에 담가 두거나 뿌려 둔다. 쇠를 보존하려면 수소
를 사용하여 화덕에서 굽는다. 처리가 끝나려면 몇 년이
걸린다.

해저의 고고학적 유물
해저에서 발견되는 고고학적 유물에는 난파선과 그 난파선에 있던 유물,
해수면의 상승이나 해일 같은 자연 재해로 바다에 잠긴 도시의 건축물이
있다.

바타비아 호
1961년에 발견되어 1972년부터 1976년까지
발굴된 난파선. 오른쪽의 아치형의 문은 1629년
에 오스트레일리아 서해안 앞바다에서 침몰한
네덜란드의 배 바타비아 호에 실려 있던 돌로
세워졌다. 배에는 이 돌과 함께 인도로 향하는
철, 청동제 대포, 은 그릇 등이 실려 있었다.

로스킬레 피오르
1959년, 잠수부들이 덴마크의 로스킬레 피오르
(빙하의 침식으로 만들어진 골짜기에 빙하가 없어
진 후 바닷물이 들어와 생긴 좁고 긴 만)에서 다섯
종류의 바이킹 배들을 발견했다. 이 배들은 서기
1000년쯤, 피오르에 배가 다니지 못하게 막아 버리
려고 일부러 돌을 가득 실어 침몰시켰다. 주위에
댐을 쌓아 물을 없애는 방법으로
배들을 발굴했다.

퇴적물 없애기
조난 지점에서 발견된
많은 유물은 진흙이나
모래 등 퇴적물에 묻혀
있는 경우가 많다. 퇴적물
층이 얇으면 솔이나 송풍기
같은 것으로 치우지만, 두꺼
우면 '에어 리프트'라는 커다란
해저 진공청소기로 빨아들인다.
물 분사기를 이용하기도 한다.

메어리로즈 호
1545년에 포츠머스에서 침몰된 영국 헨리
8세의 전함. 배의 잔해가 1967년에 발견되고,
1982년에 인양되었다. 배 안에서
수천 점의 유물이 발견되었다.

헨리 8세
때의 금화

바닷속에서
437년 동안
보존된 도르래

사진 찍기
발굴 지점을 정확히 기록하기 위해
사진을 찍는다. 격자 모양의 파이프는
카메라를 고정시키고 촬영 지점을
정확히 알게 해준다. 물이 너무 흐리면
촬영을 할 수 없다.

와사 호는
1628년에
만들어졌다.

와사 호
스웨덴의 전함. 처녀항해 때 스톡홀름
항에서 전복되어 침몰했다. 해양 고고
학자 앤더스 프란젠이 1956년에 발견
했고, 1961년에 원래의 모습 그대로
인양했다. 인양하자마자 배에 방부제
를 뿌렸다.

신안 보물선에서 발굴된 갖가지 보물들.

신안 보물선
1323년, 신안 앞바다에서 침몰한 중국의 상선. 1976년 1월,
신안 앞바다에서 한 어부의 그물에 중국 청자가 인양되면서
1984년까지 11차례나 발굴이 진행되었다. 수심 20m가
넘는 해저에 빠져 있던 너비 약 10m, 길이 약 30m의
목선에서 청자, 백자, 금속제품, 목제품, 토기 등을
비롯해 28,000여 점에 달하는 보물들이 발견되었다.

병든 바다
The Unhealthy Sea

바다는 오랫동안 쓰레기장으로 사용되어 왔다. 많은 양의 폐수, 산업 폐기물, 석유, 플라스틱, 방사성 폐기물 등이 바다로 들어간다. 이러한 쓰레기들은 바다의 동식물들에게 치명적인 피해를 주고, 산호초 같은 생태계를 파괴한다. 그리고 사람들에게도 매우 위험하다. 세계 각국에서는 해양 오염을 막기 위해 다양한 국제 협약을 맺어 실천하고 있다. '지역 해양 계획'은 세계에서 가장 심하게 오염된 바다 중의 하나인 지중해를 깨끗이 복원하기 위한 것으로, 1975년에 창설되었다.

산업 폐기물
많은 공장들이 바닷가나 강가에 자리잡고 있으면서 화학 쓰레기를 바다나 강으로 흘려보낸다. 광업, 제련업, 제지업 등의 공업 과정에서 생긴 이 쓰레기는 납, 수은, 카드뮴, 구리, 주석 같은 중금속이다. 납과 수은 등은 생체 안에 농축되어 먹이연쇄의 상위 동물을 죽게 할 수도 있다.

공장에서 나온 물은 종종 배수관에서 직접 바다로 흘러들어 해안을 위협한다.

해안 근처에 있는 중공업 공장에서 나온 연기가 공기를 오염시키고, 그 화학 물질이 바다로 떨어진다.

바다를 오염시키는 것들
40% 이상이 육지에서 생기는데, 이것들은 강물에 의해 쉽게 바다로 운반된다. 나머지의 대부분은 직접 바다에 버리거나 관을 통해 버린다. 대기 중의 오염 물질은 비와 함께 바다에 떨어진다.

농약은 트랙터나 비행기에서 뿌려진다.

농약은 강물을 오염시키고, 그 강물은 바다로 흘러든다.

농업용 화학 약품
논밭에 뿌린 화학 약품과 화학 비료는 절반 정도가 빗물에 씻겨 강으로 흘러가고, 강은 이것을 바다로 운반한다. 몇몇 화학 비료는 물속의 산소를 감소시켜 해양 동물들의 호흡 곤란을 일으킨다. 디디티 같은 농약은 해양 동물의 몸속에 축적되어 그 동물뿐 아니라, 그 동물을 잡아먹은 동물에게도 해를 입힌다. 그리고 바닷새들이 껍데기가 얇은 알을 낳게 한다. 그런 알은 부화하지 않는 경우도 있다.

그물, 부표, 플라스틱 병 등 갖가지 쓰레기가 세계의 바닷가와 해안을 오염시키고 있다.

화학 약품이 직접 바다로 흘러든다.

쓰레기
해마다 수백만 톤의 플라스틱 쓰레기, 유리병, 깡통, 드럼통, 나무토막, 낡은 그물, 밧줄 등이 바다에 버려져 많은 바닷새와 바닷속 동물들을 죽인다. 플라스틱 같은 물질은 분해되는 데 오랜 시간이 걸린다.

디디티 같은 농약은 조개, 새우, 게 등이 사는 앞바다의 해저를 오염시킨다.

홍합

육지에 둘러싸인 바다의 오염
툭 터진 넓은 바다에서는 오염이 희석되지만, 육지에 둘러싸인 바다에서는 그렇지 않다. 더구나 오염된 바다 주위에 중공업 단지나 해운업 단지가 있으면 오염이 더 심각해진다. 이러한 바다 중에서 오염이 가장 심한 곳은 지중해, 북해, 발트 해, 홍해이다.

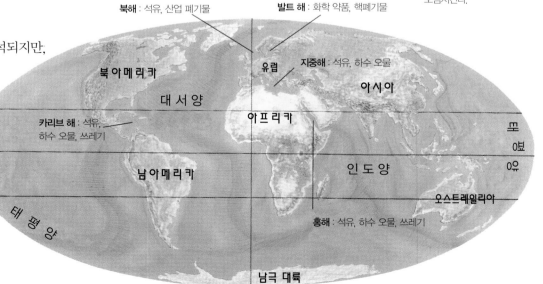

북해 : 석유, 산업 폐기물

발트 해 : 화학 약품, 핵폐기물

지중해 : 석유, 하수 오물

카리브 해 : 석유, 하수 오물, 쓰레기

홍해 : 석유, 하수 오물, 쓰레기

북아메리카　대서양　유럽　아시아
적도　아프리카
남아메리카　인도양
태평양　오스트레일리아
남극 대륙

석유

석유 유출

유조선이 다른 배와 충돌하거나 좌초되어 부서지면 많은 석유가 바다에 흘러든다. 이렇게 흘러나온 석유는 바람과 조류에 의해 퍼져 해수면에 기름막을 만든다. 기름막은 바닷새의 날개에 달라붙어 바닷새를 죽이고, 물고기와 포유동물을 중독시켜 죽인다. 석유를 없애려고 사용한 세제가 석유보다 더 위험한 경우도 있다.

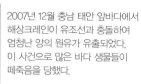

2007년 12월 충남 태안 앞바다에서 해상크레인이 유조선과 충돌하여 엄청난 양의 원유가 유출되었다. 이 사건으로 많은 바다 생물들이 떼죽음을 당했다.

부영양화

하수의 오물은 해조류가 필요로 하는 영양분을 지니고 있다. 그러나 영양분이 너무 많으면 해조류가 지나치게 빨리 자라고 많이 번식하여 산소를 다 소비해 버린다. 그러면 해조류도 죽고, 다른 생물들도 질식한다. 이러한 변화를 부영양화(영양 과다)라고 한다.

방사성 폐기물

심해저의 몇 곳은 방사성 폐기물을 넣은 콘크리트 상자를 버리는 장소로 사용되고 있다. 방사성 물질은 방사능이 완전히 없어질 때까지 수천 년이 걸린다. 다량의 방사성 물질에 노출되면 어류 등의 생물이 죽는다. 소량의 방사성 물질에 노출되어도 암에 걸리거나 정상적인 발육에 해가 된다.

석유가 불타면 짙은 연기가 하늘로 올라가 공기를 오염시킨다.

연기에서 독성 물질이 바다에 떨어진다.

석유가 퍼지는 것을 막으려고 둘레에 기름막이 띠를 두른다.

더러운 하수가 바다에 버려진다.

소각로 배

독성이 있는 바다 쓰레기를 태우는 배. 현재 여러 해역에서 이러한 배로 바다 쓰레기를 태우는데, 태울 때 독성 물질이 나온다.

유조선이 부서지면 많은 석유가 바다에 퍼진다.

방사성 폐기물을 실은 배

치명적인 먹이그물

오염 물질이 한번 동물의 몸에 쌓이면 먹이그물의 진행 과정에 농도가 증가한다. 가장 나쁜 오염 물질은 농약 디디티와 수은이다. 디디티에 오염된 먹이를 먹은 물고기는 그 먹이의 35배나 되는 디디티를 몸에 지니게 된다. 그리고 먹이그물의 다음 단계인 큰 물고기나 사람에게 큰 영향을 미친다. 1952년, 일본의 한 화학 약품 공장에서 수은을 바다로 흘려보냈는데, 수은에 오염된 물고기나 조개를 먹고 100명 이상이 죽고, 2,000명 이상이 몸이 마비되었다.

동물은 몸속으로 들어온 디디티를 몸 밖으로 내보낼 수 없다. 그래서 디디티가 몸의 조직에 축적된다.

갑각류

가자미류는 작은 갑각류나 연체동물을 먹는다.

가자미류

고등어는 작은 연체동물이나 어류를 먹는다. 먹이연쇄의 각 단계에서 디디티가 몸에 쌓여 다음 단계에서는 더욱더 많이 쌓인다.

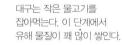

고등어

대구는 작은 물고기를 잡아먹는다. 이 단계에서 유해 물질이 꽤 많이 쌓인다.

디디티에 오염된 물고기를 먹은 사람은 상당량의 디디티를 먹게 된다.

대구

미래의 바다
Future Use of the Oceans

자원에는 재생 가능한 자원과 한번 사용하면 다시 쓸 수 없는 자원이 있다. 물고기는 수천 년 동안 풍부한 식량 자원이었으며, 남획을 막으면 앞으로도 충분한 어류 자원을 확보할 수 있다. 다시 쓸 수 없는 해양 자원에는 광물, 석유, 천연 가스 등이 있다. 바다에는 아직 개발되지 않은 자원이 많다. 미래에는 조석에너지와 해파에너지, 바닷물에 저장된 열에너지가 석유, 가스, 석탄을 대신할 것이다. 바다를 지속적으로 이용하기 위해서는 무엇보다 바다를 잘 보호해야 한다. 3면이 바다로 둘러싸인 우리나라는 해양 의존도가 큰 만큼 바다 보존에 더욱 힘을 기울여야 한다.

재생될 수 없는 자원

한번 사용하면 적어도 수백만 년 동안에는 재생될 수 없는 자원을 말한다. 해저 지층에 있는 이러한 자원은 석유, 망간 덩어리 같은 광물이다. 해령 주위에는 금속 광물을 많이 지닌 퇴적층이 있고, 연안 해저 퇴적층에는 주석, 금, 다이아몬드 등이 있다.

화석 연료

세계 석유 공급량의 약 20%가 해저에서 생산된다. 석유, 석탄, 천연 가스 같은 화석 연료는 대륙붕의 얕은 바다 밑에서 채굴된다. 50년쯤 뒤 육상에서 더 이상 화석 연료가 생산되지 않을 것을 대비해 대륙붕과 대륙 사면에 매장되어 있는 화석 연료의 개발이 필요하다.

망간 덩어리

값진 금속들을 많이 함유하고 있는 망간 덩어리들이 해저에서 수억 톤이나 발견된다. 처음 발견된 것은 1870년대였지만, 상업적인 가치가 인정된 것은 1950년대에 이르러서였다. 망간 덩어리들을 인양하는 방법에는 여러 가지가 있지만, 거대한 진공 흡입 장치로 빨아올리는 것이 가장 보편적이다.

그린

프로비셔 만

쿡 후미

북 아 메 리 카

조지아 해협

펀디 만

리오콜로라도

마이애미

대 서

바하캘리포니아

푸에르토리코

바하마

하와이

쿠바

세인트크로이

상루

태 평 양

남 아 메 리 카

누에보 만

산호르헤 만

산타크루스

마젤란 해협

남 극 대 륙

인도 고아에 있는 염전(오른쪽 사진에서) 소금을 모으고 있다.

바닷물로 소금을 만든다

약 6백만 톤의 소금이 해마다 바다에서 생산된다. 아시아와 지중해 연안에 있는 더운 나라들에서는 수로를 만들어 바닷물을 해안의 염전으로 끌어 온다. 태양열로 바닷물을 증발시키면 소금이 남는다. 페르시아 만 근처에 있는 사막에서는 바닷물에서 염분을 없애 식수를 만드는 공장을 세우기도 했다.

크릴잡이

언젠가는 고래 고기 맛과 비슷한 남극 크릴 음식을 먹게 될 것이다. 과학자들은 지금 크릴을 식량 자[원으로] 이용하는 방법을 연구하고 있다. 남극 대륙 주위의 바다에 있는 50[억] 톤의 크릴 가운데 1억 톤 이상이 [매년] 잡힐 것이다. 그물에 잡힌 크릴(왼[쪽] 사진)은 냉동되거나 식품으로 가공된다.

에너지원

석유, 석탄, 천연 가스 등의 화석 연료가 사라져 가는 한편, 이 연료가 심각한 환경오염을 일으키고 있다. 대체에너지원이 시급한 실정이다. 지구의 대기와 바다에 저장되는 태양에너지는 바람, 해파, 조류를 움직이는 재생 가능한 에너지원이다. 오염 가능성이 전혀 없다. 지구에 이르는 태양에너지의 4분의 3은 바다가 흡수하기 때문에 바닷물의 열에너지를 이용할 수 있다. 바닷물의 온도 차이를 이용해서 발전을 할 수 있다. 즉, 따뜻한 표층수와 차가운 저층수의 온도 차이를 이용해서 발전을 하는 것이다.

프랑스의 브리티뉴에 있는 조력발전소. 대서양으로 흐르는 넓은 랑스 강 어귀에 가로질러 세워졌다. 1967년에 발전을 시작했다.

조석에너지

프랑스의 랑스 강 어귀에 세워진 발전소는 조석의 에너지, 즉 밀물과 썰물의 수위 차이를 이용해서 발전을 하고 있다. 댐에 스물네 개의 터널을 뚫고, 각 터널에 발전기를 갖추었다. 조수가 올라가고 내려감에 따라 바닷물이 터널을 통해 올라가고 내려감으로써 발전기를 돌려 전기를 일으킨다. 캐나다의 펀디 만과 영국 세번 강의 넓은 어귀도 조력발전소를 세우기에 좋은 곳들이다.

바다의 생물자원

바다의 생물자원에는 자연산 생물자원과 양식 생물자원이 있다. 세계 여러 나라에서는 양식을 큰 산업으로 발전시켜 보리새우류와 연어 등을 집중적으로 양식하고 있다. 해양 과학자들은 해초, 크릴, 심해어류 등 미래에 이용할 수 있는 새로운 식량 자원도 꾸준히 찾고 있다.

보리새우

보리새우 양식

홍콩과 동남아시아에서는 조개류와 갑각류의 양식이 크게 산업화되어 있다. 위 사진처럼 타이완의 보리새우 양식장에서는 물갈퀴 바퀴로 양식장에 산소를 보충해 준다. 남아메리카 서부 해안에 있는 에콰도르에서도 보리새우가 수출용 상품으로 양식되고 있다. 새우가 빨리 자라도록 특별한 해조류를 먹이로 준다.

해조류 채취

보리새우와 마찬가지로 비타민과 미네랄이 풍부한 해조류도 미래의 중요한 식량 자원이다. 위 사진은 한국 남해안 청정 수역에서 어부들이 매생이를 채취하는 모습니다. 중국과 일본에서도 여러 종류의 해조류를 식용으로 양식하고 있다.

굴 양식

굴을 양식하는 방법에는 여러 가지가 있다. 인공 못에 띄운 나무토막이나 기둥의 표면, 또는 오른쪽 그림처럼 에스파냐의 굴 양식선에서 늘어뜨린 그물로 양식한다. 이러한 방법은 굴을 수확하기도 쉽고, 굴에게 먹이를 줄 필요도 없다. 자연 상태에 있는 것처럼 바다에서 먹이를 얻기 때문이다. 하지만 너무 많아지면 약해지기 때문에 솎아 주고, 천적들로부터 보호해 주어야 한다.

찾아보기

글 / 아니타 가네리
세계적인 자연과학 전문가. 바다에 관한 책을 비롯해 50여 권의 책을 썼으며, 환경 보호 활동에도 적극적으로 참여하고 있다.

그림 / 루치아노 코르벨라
이탈리아 출신의 세계적인 삽화가. 특히 아동 도서 분야에서 오랫동안 활동했다. 천문학, 박물학, 지질학, 선사학, 해부학 분야의 많은 책을 펴냈다.

번역·감수 / 박용안
서울대학교와 동 대학원 지질학과를 졸업했다. 미국 브라운대학교 대학원과 독일 칼대학교 대학원을 졸업한 뒤 한국해양학회장, 한국지구과학협회장을 지냈다. 현재 서울대학교 명예교수로 있으며, 지은 책으로는 〈해양지질학 및 퇴적학 실험〉〈일반해양학〉〈지구과학개론〉 등이 있다.

감수
최석영
서울대학교 지구환경과학부와 동대학원을 졸업했다. 대성 전국모의고사 출제위원, 메가스터디 강사로 있었다.

박영주
서울대학교 사범대학 지구과학교육과를 졸업하고, 서울대학교 자연과학대학원 대기과학과를 졸업했다. 현재 중학교 과학교사로 있다.